新营销+新媒体系列

# Advertisement Accurate Delivery

# 广告精准投放

## 移动互联网时代的广告投放策略

李 斌◎著

中国经济出版社
CHINA ECONOMIC PUBLISHING HOUSE
北 京

**图书在版编目（CIP）数据**

广告精准投放：移动互联网时代的广告投放策略/李斌著.
北京：中国经济出版社，2017.1（2022.7 重印）
ISBN 978-7-5136-4494-5
Ⅰ.①广… Ⅱ.①李… Ⅲ.①移动网—应用—广告学—研究
Ⅳ.①F713.80

**中国版本图书馆 CIP 数据核字（2016）第 282367 号**

责任编辑　牛慧珍
责任审读　贺　静
责任印制　马小宾
封面设计　久品轩工作室

**出版发行**　中国经济出版社
**印 刷 者**　北京九州迅驰传媒文化有限公司
**经 销 者**　各地新华书店
**开　　本**　710mm×1000mm　1/16
**印　　张**　15.75
**字　　数**　220 千字
**版　　次**　2017 年 1 月第 1 版
**印　　次**　2022 年 7 月第 4 次
**定　　价**　48.00 元
**广告经营许可证**　京西工商广字第 8179 号

**中国经济出版社**　**网址** www.economyph.com　**社址** 北京市东城区安定门外大街 58 号　**邮编** 100011
本版图书如存在印装质量问题，请与本社销售中心联系调换（联系电话：010-57512564）

# 前言

2016年8月，中国互联网络信息中心（CNNIC）发布的第38次《中国互联网络发展状况统计报告》显示：截至2016年6月，中国的互联网普及率已经达到51.7%（全球平均水平为48.6%）；其中，手机网民的规模为6.56亿，使用手机上网的网民比例达到92.5%。随着智能手机的普及以及移动通信技术的发展，移动互联网深入渗透进了人们的生活。2016年上半年，包括网约车、在线教育等在内的互联网服务的用户规模均实现了较快的增长，市场呈现出明显的移动化特征。此外，移动互联网时代的到来更是颠覆了传统的商业模式，秉承互联网思维的企业越来越多，各个领域都不可避免地受到互联网的冲击。以精准投放为主要特点的移动互联网营销革命已经爆发。

几年前，大多数企业根本搞不懂移动营销的内涵，更不清楚其所具有的价值。但在移动营销越来越常态化的今天，移动营销已经成为企业发展至关重要的一个环节。对如今的企业来说，其所应该考虑的已经不是要不要进行移动营销，而是如何把移动营销做得更好，使其发挥更大的价值。也就是说，制定出高质量的移动营销策略，是企业未来发展中的重要议题。

在移动互联网塑造的社会生活形态逐步成形的情况下，人们对移动应用的依赖性也越来越强。人们通过各种客户端获取新闻资讯，通过各种团购APP获取生活类团购信息，通过微信等进行日常社交等。而且，线上与线下的渠道也已经逐渐打通，这些都意味着移动互联网成为企业连接受众、进行营销的重要界面。而今日头条、美团、微信等拥有海量用户的移动互联网平台，也就成为广告主的必争之地。

移动互联网不仅使企业可以更好地与用户连接，而且移动互联网还将用户进行了精准的细分，对企业来说，进行品牌营销最为重要的并非做大做全，而是尽可能地垂直细分化，将品牌广告精准投放到潜在的目标用户面前。

另外，技术的创新和进步对移动互联网时代的广告营销也具有重要的驱动作用。随着技术的发展，营销的可能性也被逐步扩大。例如，豌豆荚可以根据用户的APP使用喜好，向用户推荐相关信息；科大讯飞可以根据对语音技术的研究，进行情景化营销；有道词典在翻译功能的基础上，可以扩展在线教育服务。

当然，在资本寒冬已经成为“新常态”的情况下，除了广告主积极寻找更为精准的投放方式外，众多移动应用也需要思考如何进行商业变现。营造丰富的营销场景，成为其提升商业价值的重要法宝。

如何进行精准的影响，提升移动互联网广告营销的价值，是广告主和移动互联网平台都不得不思考的问题。首先，企业可以利用移动社交广告。从国际上来看，社交服务网站Facebook是广告主进行营销的主要阵地；根据国内的调查，微信、QQ等移动社交平台已经成为人们花费时间最长的应用。而腾讯更是凭借其庞大的技术和资源优势，对用户的消费需求和行为进行了精准的分析。对企业来说，移动社交平台更有利于进行粉丝运营和变现，交互性和精准性高。

其次，移动互联网时代的广告营销呈现出明显的跨屏化趋势，随着跨屏相关技术的提高，多屏互动在广告营销领域将具有巨大的发展潜力。

最后，移动营销与移动消费之间的融合将进一步加深。近几年，移动电子商务以及移动支付均获得了快速的发展，由场景营销出发的消费成为新的消费增长点。目前，爱奇艺等网站均已经尝试推出播放与购物结合的模式，优品互动等平台更可以通过程序化购买进行精准投放。

未来，移动互联网广告营销的价值将会进一步释放，其生态体系会更加成熟和完善。而这样的前景既离不开企业营销人员的尝试和努力，也离不开移动互联网相关企业的转型与蜕变。为了给广大从业者们探索前路提供一点帮助，笔者结合自己有限的经验写作了这本书。全书共分七章，分别从七个笔者认为最有代表性的方向切入，深入剖析了移动互联网广告营销这场数字化营销领域的新兴革命。希望读者读罢，能够了解移动互联网广告营销的价值和实践要点，真正“把钱花在刀刃上”。

## 目录

前　言

# 第 1 章　移动广告：一场数字化营销领域的新兴革命

## 1.1　精准投放：移动广告时代的来临

### ◎ 移动广告的内涵与发展历程

移动互联网技术和商业模式的飞速发展为移动数字营销开创了新的局面，移动营销领域的发展环境在不断优化，移动广告作为该领域的核心部分也在经历单向灌输时代之后进入了双向交互时代，这不仅使整个营销领域迎来了新的创新机遇，也为广告主、移动媒体带来了全新的发展机会和挑战。

移动广告是一种依托移动终端的新型营销方式，即借助手机、平板电脑、PSP 等移动设备访问移动应用或移动网页时出现的广告。

与传统媒体广告相比，移动广告的精准性、即时性、互动性、扩散性、整合性以及可测性更为突出，这也使移动广告成为营销领域的新宠。移动广告的展示形式具备多样化特征，既有如图片、文字、视频等普通形式，也有如重力感应广告、插播广告等伴随着技术发展衍生出来的新形式。

移动广告的收费方式主要分为CPM（按每千次展示计价）、CPC（按点击量计价）、CPA（按行为计价）、CPI（按实际安装计价）和CPV（按观看计价）五种方式（如图1－1所示）。

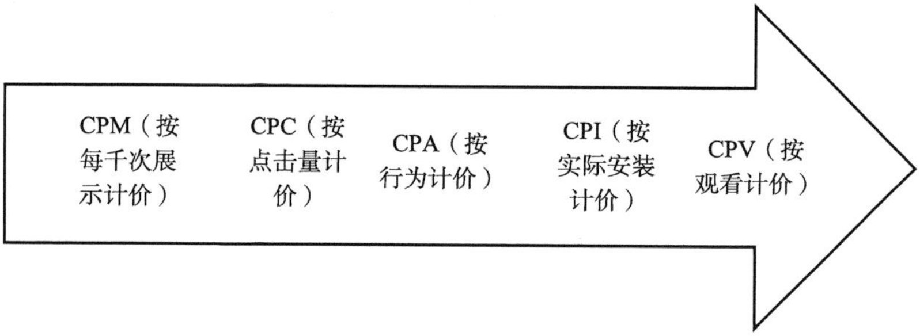


**图1－1　移动广告的主要收费方式**

## ◆ 移动广告的发展历程

移动广告是伴随着移动设备的出现而诞生的，随着移动设备的更新换代以及广告传媒技术的革新发展，移动广告也大致经历了三个发展阶段（如图1－2所示）。

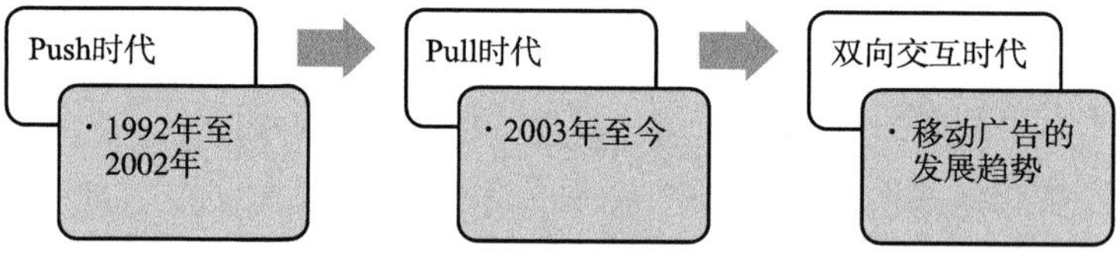


**图1－2　移动广告的发展历程**

1）Push时代

移动广告在1992年至2002年处于Push时代，即消息推送，用户被迫接受各种广告信息。在该时代移动广告未能把握用户的主体地位，不仅需要付出较高的推广成本，而且无法为用户提供极致体验。

2）Pull 时代

2003 年至今移动广告处于 Pull 时代，即用户可以根据自己的需求查询信息并订阅喜爱的广告资讯。这种形式的好处在于降低了推广成本，让用户体验得到尊重，但同时推广力度和精准程度也受到了一定影响。

3）双向交互时代

这是移动广告在移动终端日渐普及、移动网民数量激增的背景下所呈现的第三个发展阶段。在双向交互闭环时代，移动广告可以通过对用户行为数据的收集，借助大数据、云计算等互联网技术对用户属性进行识别分类，打通线上线下的消费行为闭环。这样既可以兼顾用户体验，又可以进行精准定向推送。

### ◆ 单向到互动，观望到重视，蜂拥到精简

移动广告行业虽然已经逐步由早期的 Push、Pull 这样的单向时代进入双向交互闭环时代，但并不意味着单向的广告推送方式就完全销声匿迹了，用户还是会时不时地“被广告”。比如，当你正在玩游戏或浏览网页时会突然出现插屏广告或 Banner① 广告，若是不小心点到就会被带到其他网页，甚至直接下载某个软件或游戏，用户必然会对这些广告内容产生反感。

相反若是移动广告提供的是符合用户需求的内容，并且可以根据用户的兴趣在适当的时候出现，这将会使用户感受到贴心的服务，这种人性化的广告才是有助于提升用户体验、符合市场主流需求的广告。

在移动互联网迅速发展以及移动端普及之后，越来越多的企业积极抢占移动数字营销领域，但也有许多老牌企业和线下实体企业认为用户在 PC

① Banner，即横幅广告。一个表现商家广告内容的图片，放置在广告商的页面上，是互联网广告中最基本的广告形式。

端上网、看电视时，借助插播广告、Banner 广告能够获得更多的用户关注，因而他们对于移动广告依然持观望态度。不得不说，虽然传统的互联网广告营销的确仍然占据很大市场，但是在移动设备占据主流市场的时代，传统营销方式的市场份额必然会减少。

而对于移动数字营销这个热点行业来说，有多少移动广告企业进来，可能就会有多少竞争对手退出，能够在这个行业中立足成为风投热点的企业都是在经历激烈竞争和层层洗牌之后，以其专业技术和创新意识见长的优秀广告企业。

### ◆ 把握移动互联网的脉搏

移动广告是伴随着移动互联网发展起来的，其核心驱动力是移动网络经济的发展和移动端流量的迅猛增长。移动互联网在未来很长一段时间将会呈现高速发展的状态，而移动广告市场也会因此大放异彩。

智能手机、平板电脑等移动设备已经获得大规模普及，而移动广告的目标受众也会从数量、类型上发生巨大变化，受众的年龄层会越来越宽泛，比如年轻人可以用智能手机玩游戏、老年人学会用 iPad 下棋；且受众的文化水平也不尽相同，比如农民可以利用 APP 进行农田管理、科技人员可以借助移动设备进行技术开发等，这些都体现出移动端用户的个性化特征。

所以，如何根据用户特征和需求进行精准的广告推送就成为广告主和开发者面临的主要问题。为此企业要研发更多的技术手段对用户习惯或需求等信息进行收集，在分析整合之后设计适当的推送方式，为用户提供极致体验。

未来移动广告领域将会成为广告主们竞争的主战场，因为生活节奏的加快决定了人们不可能长时间借助电脑或电视来填补自己休闲娱乐的时间，且 3G、4G 网络给用户们带来的前所未有的极致上网体验也加深了人们对移动设备的依赖程度。

随着移动广告影响力的不断扩大，之前持观望态度的传统企业必然会意识到移动广告对市场占有率的提升所起到的积极作用进而奋起直追，及时调整营销方式和策略，在移动数字营销的大潮中拼搏。

移动广告巨大的发展前景使众多互联网或传统企业都妄图在该行业分得一杯羹，比如互联网三巨头百度、腾讯、阿里巴巴就分别出招抢占移动广告市场。百度推出“移动网盟推广”实施精准的展示推广，腾讯推出“广点通合并”踏入移动广告之路，阿里巴巴则控股易传媒以推动数字营销。互联网巨头的加入给移动广告业带来了更多的资金和技术支持，这将会对提升行业的发展速度、扩大移动广告市场发挥难以衡量的积极作用。

除此之外，未来移动广告的形式、风格也会随着专业技术的发展和企业创新意识的增强而变得更加多样化。比如，当下十分火爆的社交媒体将会成为移动广告的又一根据地；而原有的插屏广告、视频广告、墙类广告将会以其更为新颖的创意占据更多的市场份额。

伴随着移动互联网时代的深入发展，未来移动营销手段也会呈现出多样化趋势，比如线上线下闭环互动营销传播就是利用了 LBS 定位精准的特点并与其他媒体相结合展开多屏互动，使移动广告的互动性不断增强，不仅提高了用户的参与度，也为用户提供了极致的用户体验从而更好地完成广告营销。

移动数字营销正迎来包括营销模式在内的不断升级创新和变革的新局面。移动广告从业者们能否在这一充满挑战的局面中抓住机会，决定了移动互联网营销未来的发展命运。未来，数字营销将会被做大做强，甚至给互联网带来历史性的变革。

## ◎ 移动广告的主要特点与原则

### ◆ 移动广告的三大特点

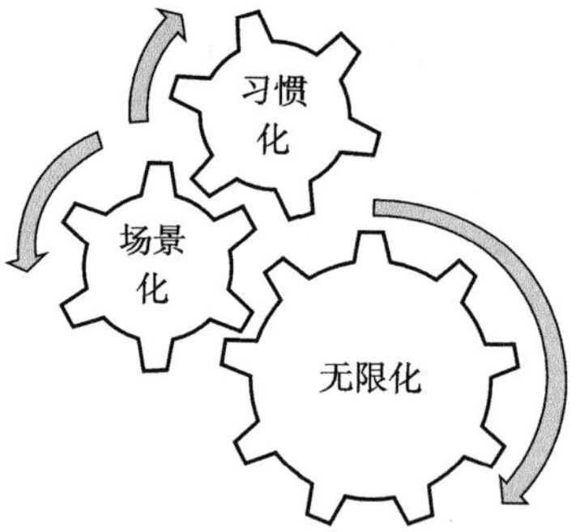


**图1-3　移动广告的三大特点**

1）无限化

由以往单纯的通信功能，到现在的通信、社交、休闲、娱乐、商务等的多元化功能，手机成为人们在快节奏社会中不可或缺的一部分。移动研究院的调研显示，当手机离开人们的时间超过19分钟时，大多数人就会感觉到焦躁不适，并主动寻找手机。人们的这种“手机依赖症”，给企业和广告商带来了新的契机，使移动广告呈现出新形态，具有无限化的特点。

不同于以往的互联网广告在接触消费者时受PC端的时空限制，手机能够把消费者接触广告的时间和空间无限化，让广告营销不再受到时空的限制。而且，以手机作为广告营销入口，也符合人们时空场景碎片化的趋势，有利于使广告无限贴近用户，全方位、全时空的传播。

2）场景化

移动广告的最主要特点就是场景化营销。在“互联网+”时代，以手机为代表的移动智能终端成为人们主要的网络入口。这种网络接口的转变，让用户突破了PC网络时代的时空限制，可以在不断变换的碎片化场景中随时上网。

同时，根据相关的调查研究，人们在车站、地铁等碎片化场景中的网络应用以娱乐休闲为主，很少进行严肃烦琐的商务应用。用户的这些场景特征给广告营销带来了新的挑战，即企业或广告商需要利用先进的大数据技术，对用户的场景化网络应用进行深入的研究和细化分类，以便精确把握不同消费者在不同时空场景中的具体需要。

只有明确了用户个性化、场景化的需求，才能在进行移动广告营销时做到精准化、前置化的投放和推送，并在不干扰用户的情况下达到广告目标。

3）习惯化

经过几年的发展沉淀，移动端逐渐成为人们主要的上网渠道，人们也习惯于在碎片化的时空场景中通过移动端进行社交、娱乐、休闲等活动。

移动端入口分散，但用户使用的次数和时间更多。并且消费者也正慢慢习惯于将网购等行为转移到更为方便的移动渠道。相关研究表明，相对于目的性更强、更加理性的PC端购物行为，移动端的网购行为更具有即时性和冲动性。

因此，成功的移动广告营销，应该抓住用户的这种网络应用习惯和消费特点，在用户的社交、娱乐和休闲活动中精准投放消费者需要的内容，通过场景化的构建，充分激发起用户的即时性冲动消费。

### ◆ 移动广告的原则：广而不告

PC时代是为广告而广告的硬广告。用户打开一个页面时，广告窗口自动弹出，如果用户不愿观看，还需要动手关闭窗口。这种不顾用户需求的广告营销方式，效果往往会适得其反，既引起消费者的反感，也大大降低了用户的应用体验。

移动互联网是一个更加以消费者为中心的时代，任何商业运作都要围绕用户展开。具体到广告营销，最重要的原则是广而不告。商家要改变 PC 时代的硬广告策略，侧重于提升用户的参与度和认同感，通过与粉丝的互动而非直接的产品促销，让用户自己主动接触了解产品，进而实现交易行为。

## ◎ 风口：2000 亿的市场规模

在全球经济持续低迷的背景下，2015 年国内网络广告市场仍以较高的速度保持着快速增长。从 2015 年 9 月开始实施的新《广告法》，在对以网络宣传用语为代表的多个方面进行了有效规范的同时，也对营销人员的能力提出了更高的要求。

受到国内经济下行压力的影响，一些大型的广告主在广告方面的投入开始有所降低，但对营销效果及其价值却更为重视。在诸多资本巨头的涌入下，网络广告市场格局被打破，整个行业进入整合加速期，收购兼并事件时有发生。

随着国内网民开始从 PC 端转向移动端，移动端网络营销收入在广告商的总收入中所占比重大幅提升。为了迎合这种发展趋势，许多广告商投入大量资源组建移动广告部门。

以影视剧、综艺节目为代表的内容资源，作为优质网络广告载体，成为国内视频网站拼抢的核心战略资源。内容营销、互动营销、原生广告等更容易被消费者接受的软文广告形式受到了企业界的一致认可。而在内容生产及传播方面拥有强大影响力的微博、微信等社交媒体平台，则借助参与“台网联动”（电视台与视频网站合作）等方式获取了可观的收益。

### ◆ 网络广告发展概况

市场研究机构艾瑞咨询在 2016 年 4 月公布的 2015 年度中国网络广

告相关数据表明（如图 1－4 所示），2015 年中国网络广告市场以 36%的增长率突破了 2000 亿元大关，虽然增长速度近年来一直处于下降状态，但整个中国网络广告市场规模较几年前已经大幅增长。根据艾瑞咨询的预测，受到网络广告市场逐渐走向成熟的影响，未来几年的增速下滑趋势仍将持续，但到 2018 年国内网络广告市场将达到 4000 亿元以上。

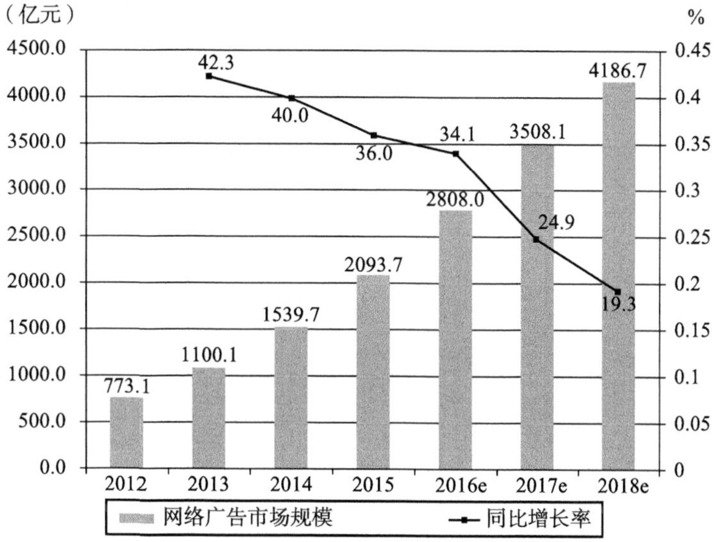


**图 1－4　2012—2018 年中国网络广告市场规模及预测①**

从国内各行业的发展状况来看，增速下滑是 2015 年国内诸多行业的普遍现象。经济结构的调整使许多传统企业面临着较大的生存压力，而在创新创业热潮的引领下，一些无人问津的细分市场开始爆发出巨大的能量。

在人们消费能力提升及市场竞争日趋激烈的背景下，营销的价值愈发凸显。随着流量整体从传统媒体转向新媒体，广告主在传统媒体中投入的营销成本逐渐降低，网络广告投入成本则明显提升，视频网站、社交媒体平台是投放网络广告两大主流渠道。

① 资料来源：艾瑞咨询。

由于资金及流量向网络广告转移，网络广告的内容及形式有了大幅拓展，在多种综合因素的影响下，网络广告市场规模获得了极大的提升。但由于不同行业互联网化进程、用户群体、市场环境等存在一定的差异，导致了其网络广告在广告主、内容及形式等方面表现出了不同的特点。

### ◆ 移动广告发展概况

2015 年，移动广告市场规模为 901.3 亿元，同比增长 178.3%，远高于网络广告市场 36% 的同比增长率，发展速度迅猛。预计到 2018 年，中国移动广告市场规模将达到 3000 亿元以上，并在网络广告市场占比约为 80%（如图 1－5 所示）。

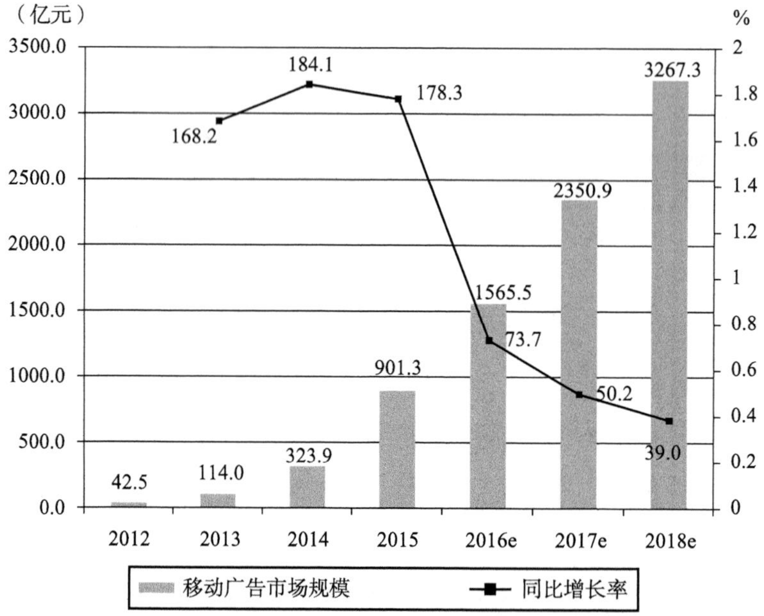


**图 1－5　2012—2018 年中国移动广告市场规模及预测①**

移动互联网的快速发展及智能手机的迅速普及，为移动广告市场的进

① 资料来源：艾瑞咨询。

一步发展提供了强有力的支撑。在经过几年的野蛮增长后，移动广告市场整体迈入了新的发展阶段，行业发展日趋成熟，一些深耕细分市场的广告公司拥有了较强的品牌影响力，创新型的移动广告服务解决方案开始大量涌现。场景营销、泛娱乐营销、社群营销将会成为未来移动广告的主流发展趋势。

### ◆ 不同形式网络广告市场发展情况

2015年，搜索广告以32.6%的比例继续排在广告份额排行榜的首位，但与2014年的33.5%相比已经有所下滑。在广告份额排行榜中，电商广告以28.1%的比例位居次席，比2014年高出了2%。

排名靠前的另外几种广告形式主要为品牌图形广告（占比15.4%）、视频贴片广告（占比8.2%）等。以导航广告及门户社交媒体中的效果类广告为代表的其他广告形式增长速度颇为明显，总占比从2014年的7.7%增长至2015年的8.7%。

### ◆ 不同类型网络媒体市场发展情况

从媒体类型维度上来讲，搜索引擎依然是2015年市场份额最高的媒体形式，其比例高达33.7%，电商平台市场份额为28.1%。

从长期来看，未来由搜索引擎及电商平台主导，其他网络媒体作为补充的市场格局将会日趋稳定。在其他网络媒体中，门户网站（包括视频网站、微博、微信等）占比为14%，比2014年增长了1.6%。而独立的第三方视频网站市场份额约为8.6%，预计到2018年这一数字将增长为10%。

### ◆ 主要行业网络展示广告媒体投放情况

交通、房产、食品饮料类广告主为展示广告收入做出了较大的贡献，其比例分别为20.4%、13.5%、12.0%，与交通贡献比例下降2%相比，房产及食品饮料类的贡献比例都有所增加，前者增加了1.4%，后者增加了0.2%。需要我们注意的是，尽管近两年来网络服务类广告与食品饮料类广告发展速度几乎一致，但在2015年，网络服务广告增速明显更高。

从展示类广告主数量的增长速度来看，网络服务、食品饮料、金融服务、IT产品及房地产在增幅排行榜中位列前五名，其中，增速最高的为网络服务类。在移动互联网的驱动下，2015年网络服务、互联网金融等新兴产业增速十分明显，创业公司大量涌现，它们对于通过网络营销快速提升品牌认知度及影响力的需求在短时间内集中爆发，从而有效推动了网络展示广告市场规模的进一步增长。

## ◎ 互动：移动广告的基本特征

CNNIC（中国互联网络信息中心）发布的第37次《中国互联网络发展状况统计报告》显示：截至2015年12月，我国网民规模达6.88亿，其中手机网民的规模为6.20亿，网民中使用手机上网的人群占比由2014年12月的85.8%提升到了90.1%。并且，随着手机终端的大屏化和移动应用体验的不断优化，手机将成为主要的上网终端。

这一变化导致的结果是，越来越多的消费者不再接触完整的电脑网页，而是与品牌进行碎片化和移动化的场景互动。正如上面提到的，移动广告的原则是广而不告，重在通过营销维护粉丝，提高用户黏性。因此，互动正是移动互联网时代广告营销的最基本特征（如图1－6所示）。

### ◆ 互动的特征

1）互动性

移动互联网时代是更加以用户为中心的时代，与消费者的有效互动是企业获取商业价值的前提，也是移动广告的关键所在。因此，企业在

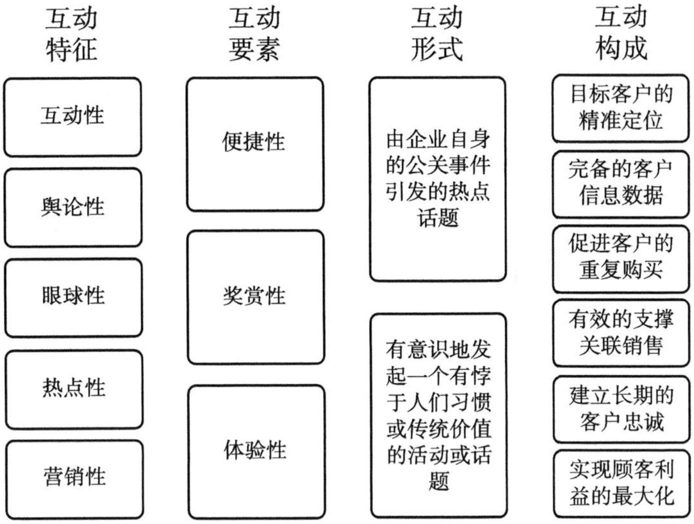


**图1－6 移动广告的互动特征**

进行营销推广时，需要针对用户的个性化特质，将更多信息精准投放到消费者感兴趣的内容中，通过与粉丝的互动而非硬性推广，实现信息传播的目的。

就当前来看，主要有两种比较常见的互动营销模式：一种是比较常规的互动，即先对某一话题进行前期策划，然后由专门的网络营销公司或部门进行话题扩散和引导，以此达到与用户互动的目的；另一种是更加适应“互联网＋”时代特征的泛自媒体互动营销，即企业在官网、微博或微信公众号等媒介平台上，认真倾听粉丝的反馈信息，积极与粉丝进行多样化的互动，以拉近与粉丝的距离，增强粉丝的情感认同。

2）舆论性

移动互联网时代的信息扩散更具自由性和传染性。因此，企业的互动营销不可避免地带有舆论性的特点。即任何关于产品的正面或负面信息都可能在病毒式传播的带动下，无限扩展其影响范围。

对于企业来说，要充分利用这种舆论性特征，特别是在危机公关处理上，更要积极引导网络舆论的走向，以便尽快消除负面影响，重塑企业或产品形象。

3）眼球性

移动互联网时代，各种信息层出不穷，用户的注意力不会长时间停留在同一地方，而总是很容易被新的信息所吸引。互动营销主要是为了激发消费者的参与热情，实现商家与用户、用户与用户之间的有效互动。

因此，如果广告营销的内容对用户没有足够的吸引力，不能留住粉丝的眼球，那么互动营销也就无从谈起。

4）热点性

热点事件往往能极大地吸引用户的关注，引起他们参与互动的热情。因此，商家在互动营销时要么可以借助热点事件来炒作，要么可以自己制造消费者关注的热点话题来引起关注。

5）营销性

不管形态如何变化，广告都是为了扩展品牌或产品的知名度和美誉度，最终达到获利的目的。移动广告虽然不同于以往的硬广告方式，更侧重于以消费者为中心的参与互动，但也具有十分明确的营销性，最终目的是为了增强粉丝对品牌和产品的黏性，获取商业价值。

移动广告互动的上述五个特点，简单归纳起来就是抓住用户的猎奇心理，创造消费者的兴奋点。

移动互联网时代，用户更加追求一种个性化的体验。这要求品牌改变以往硬性推送的广告营销策略，转而以消费者为中心，根据个人化需求推送能够吸引眼球的信息，引导消费者主动参与互动营销，甚至让用户成为信息扩散的主体。

### ◆ 互动的要素

1）便捷性

在“互联网+”时代，人们追求的是简单、高效、便捷的消费体验。互动营销是以用户的积极参与为前提的。因此，互动的要素和内容不能过于复杂，需要尽可能的简单、便捷，让用户很容易就能够参与进来。

2）奖赏性

人们的行为一般都具有趋利性。因此，企业在进行互动营销时要紧抓消费者的这一心理，通过各种利益刺激调动他们的参与热情。

3）体验性

就其本质而言，移动广告营销的主要内容不是具体的产品，而是用户的参与性和体验性。企业在互动营销中要注重为用户提供良好的参与体验，如此，才能增强用户的品牌黏性，在留住粉丝的同时实现品牌和产品的口碑营销。

### ◆ 互动的形式

企业的互动营销一般通过以下两种形式实现：

1）由企业自身的公关事件引发的热点话题，通过广告营销部门的有效引导，在目标群体中形成共鸣，吸引用户主动参与话题互动，最终形成轰动效应。

2）有意识地发起一个有悖于人们习惯或传统价值的活动或话题，激发用户的批评和讨论热情，从而达到扩散影响的目的。

### ◆ 互动的构成

一个成功的互动营销，往往包含下面几个组成部分：

1）目标客户的精准定位：通过深入分析客户信息，对客户进行细化分类，精确定位互动营销的目标客户，并为客户提供个性化的参与体验。

2）完备的客户信息数据：利用先进的大数据技术，有效整合客户的历史信息和数据，为新产品开发和营销提供准确的信息反馈。

3）促进客户的重复购买：针对客户的消费行为，结合大数据库完备的客户数据信息，预测潜在的营销机会，以便有效促进客户的重复购买行为。

4）有效的支撑关联销售：针对客户的消费特征和倾向，为客户推荐符合其需要的相关及衍生产品体验，以实现有效的支持关联销售，挖掘出客户更多的市场价值。

5）建立长期的客户忠诚：结合客户价值管理，整合客户接触策略与计划，以不断优化客户的互动营销体验，有效维系客户的互动热情，从而最终建立长期的客户忠诚，提升客户黏性。

6）实现顾客利益的最大化：移动互联网时代，消费者除了注重产品的物美价廉外，也对产品体验的简便、快捷、高效提出了更高的要求。因此，企业要以客户为中心进行互动营销，通过性价比高的产品、便捷高效的物流系统、长期稳定的优质服务，实现顾客利益的最大化。

总之，企业的发展离不开广告营销的支持。移动广告的最重要特征就是用户的有效参与和互动。因此，企业要将互动营销作为整体营销战略的重要组成部分，从顶层设计的角度，整合企业的各种资源，围绕用户进行移动广告的布局，以便吸引更多的消费者，提升粉丝黏性。

## ◎ 移动互联网广告的四大误区

毋庸置疑，移动互联网已经成为企业新的竞争领域。新的时代变化必然对市场原有的运营模式和竞争格局产生冲击，促使互联网企业进行移动化转型。特别是对很多中小微企业来说，移动互联网是它们实现“弯道超车”的最佳选择。

于是，面对风起云涌的移动互联网浪潮，很多企业都不甘落后，在没有充分明了移动互联网特质的情况下，就懵懂地从 PC 端转移到移动端。特别是在移动广告营销方面，很多企业以为做个二维码、设个微信公众号，就通向了移动端；然后加几个粉丝、用几个关键词，就是移动互联网的广告营销。

殊不知，如果不能深刻理解移动互联网的时代特征，不能对用户群体进行科学的研究分析，即便做了二维码、设了公众号，也不可能真正转向移动端。因为移动广告不只是简单的平台转换，更是对用户细化分类基础上的精准投放，是顺应移动互联网时代消费者行为特征和心理变化的广告营销新形态（如图1－7所示）。

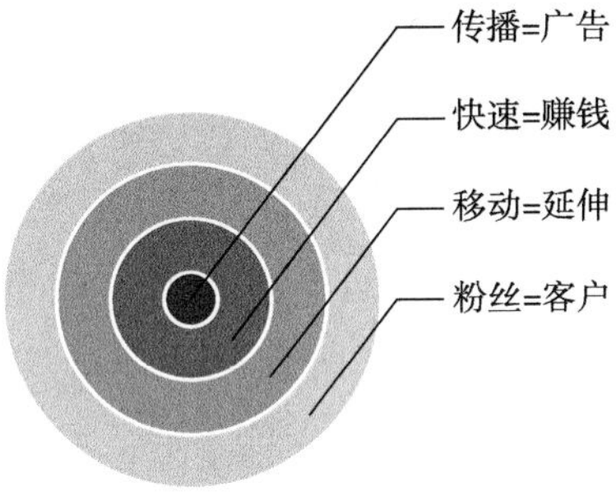


**图1－7　移动广告的四大误区**

### ◆ 误区一：传播＝广告

广告的最终目的是获取商业价值，而不仅仅是信息的传播扩散。如果企业不能准确把握移动互联网的传播特点，抓住最佳时机获取经济利益，而是将传播本身当成广告，那么最后很可能导致信息扩散了，企业却没有获利。

比如，在明星柯震东和房祖名因吸毒问题被抓之后，微信朋友圈很快被一款“全民寻找房祖名”的小游戏刷屏了。借助十分吸引眼球的广告词“虽然柯少向龙叔保证不会带坏房祖名，但龙叔强烈要求你找回房祖名！”短时间内，“全民寻找房祖名”游戏的PV（page view，页面浏览量）数据达到了6000万。

其实，在移动互联网时代，这种“现象级游戏”并不是个例。只要有足够的内容吸引到用户的注意，移动互联网病毒式传播的特点很容易带动起一股潮流。

比如，“看你有多色”是一款挑战玩家眼球对颜色的分辨能力的小游戏，上线两日的累积 UV（unique visitor，浏览网页的自然人）数据达到 3000 万，独立 IP 数达到 2000 万。“围住神经猫”则创造了 3 天 500 万用户和 1 亿访问量的社交游戏神话。

那么这些惊人的数据是否就意味着商家的巨额利益呢？

当然不是，因为传播并不等于广告。移动互联网让任何信息的传播都很容易成为“现象级”，但同样地，“玩家只关心鸡蛋，并不关心是哪只鸡下的蛋”。商家若不能敏锐地抓住最佳时机进行广告营销，让用户由对“鸡蛋”的关注转移到对“鸡”的兴趣上来，就很难在这种看似惊人的“现象级”传播中获益。

### ◆ 误区二：快速 = 赚钱

移动互联网时代，市场的竞争形态不再是“大鱼吃小鱼”，而成了“快鱼吃慢鱼”。“抓机遇”“抢先机”“快速 = 赚钱”，这些看似顺应移动互联时代趋势的口号，被互联网公司和“营销大师”不断地用来蛊惑不明就里的商家，让他们误以为这就是移动互联网的广告营销。

诚然，今天确实是一个讲究高效、快捷的时代，但却绝不意味着“快速 = 赚钱”，关键是要明白“快速”背后所反映的用户行为方式和消费需求的变化。

如果商家不能以消费者为中心，深入把握移动互联网时代的用户特征，而只是随大流地开设微信公众号，或者用几十万元买个关键词广告位，那么，就不能说企业实现了移动广告营销。

### ◆ 误区三：移动 = 延伸

很多企业将移动端看作 PC 端的延伸，认为移动广告无非就是把以往的 PC 端广告换个营销平台。这其实是对移动互联网时代的肤浅认知，也没有把握住移动广告营销的精髓：围绕用户个性特质的精准投放。

从相关分析报告中可以明显地看出，以手机等移动终端为入口的互联网应用，社交和娱乐占据着绝对多数。这反映了人们在碎片化的时空场景中，更倾向于利用移动端进行休闲娱乐，而非烦琐的商业化行为。

这种迥异于 PC 网络时代的变化，要求企业的移动广告营销必须紧密围绕用户的个性特质，改变 PC 时代的强硬推广，进行社交化和休闲化转向，广而不告，在潜移默化中刺激用户的消费欲望。

### ◆ 误区四：粉丝 = 客户

伴随着移动互联网时代的到来，粉丝经济逐渐受到人们越来越多的关注。各个企业和商家也在不断从以往的流量经济向粉丝经济转向，通过各种移动平台构建自己的粉丝社群，努力吸引更多的粉丝。

粉丝经济的迅速崛起，以及小米、罗辑思维获得的巨大成功，让很多企业将粉丝等同于客户，认为拥有了粉丝就等于黏住了客户。

不可否认，作为移动互联网时代的一种新模式，粉丝经济有着巨大的商业价值。但粉丝并不等于客户：粉丝对品牌有着较强的认同感和价值归属，在品牌的社区中比较活跃，是品牌微博、微信的关注者；客户则是购买或使用品牌的产品和服务的消费者。虽然两者可以相互转换，但企业在广告营销时却必须进行有效区分，如此才能围绕具体的个人特质进行精准的投放。

比如，针对粉丝的广告营销，商家的侧重点应该是有效激活粉丝的参与和消费欲望，将粉丝变为即时的消费者和客户；而针对客户的广告营销，则要抓住客户的个性特质和即时兴趣点，吸引客户的持续关注，最终将客户转换成对企业或品牌具有价值认同的粉丝。

# 1.2 移动互联网广告的商业价值

## ◎ 移动广告引爆新一轮营销革命

智能手机的发展普及，推动了移动互联网时代的到来。随着智能手机的不断更新发展，以及移动 APP 体验的升级完善，手机等移动端已经成为人们的主要网络入口。

随着移动互联时代的到来，移动运营增值服务、手机应用软件、移动互联网广告等逐渐走入人们的视线。特别是移动互联网广告，近年来不仅发展迅猛，还不断颠覆重构传统的市场营销模式。

移动互联网广告以蓬勃发展之姿，向人们展示了其在移动互联时代的巨大影响力和价值。下面，就通过一些比较成功的移动互联网广告案例，对移动互联网广告的模式、价值等内容进行探析。

### ◆ 引爆新一轮汽车“体验营销”革命

作为长久性的耐用产品，消费者对汽车的购买行为需要经过谨慎复杂的考虑。因此，汽车行业的市场营销，不但需要良好的产品和品牌形象，更需要消费者的切实体验和口碑传播。

传统市场营销的消费者体验环节，主要侧重于视觉体验（车展车模）、消费体验（服务环境）、互动体验（口碑管理）和使用体验（试乘试驾）

等方面。不过，移动互联时代的到来，为汽车行业的“体验式营销”带来了全新的模式，甚至引爆了汽车“体验营销”的新一轮变革。

作为一个国际高品质汽车研制商，奥迪公司早在2007年推出奥迪A5新款汽车时，就借助不断发展的移动互联网进行广告营销，并为消费者带去了一种全新的体验模式。简单来看，这是一种基于iPhone平台的移动广告，用户不仅可以通过手机接收到奥迪A5的宣传片、车型资料等相关信息，还可以根据自己的意愿对汽车的颜色、轮毂等方面进行设计。

奥迪A5的移动广告营销模式，不只是单纯的信息推送，而是更加注重用户的交互参与，为消费者创造了新的营销体验价值。这种汽车体验营销的新模式，简单来看就是借助移动智能终端的即时连接与交互，创造了更多与消费者的对话机会，为他们带来了意料之外的参与体验价值，从而优化了用户的营销和产品体验，促发他们的购买行为。

### ◆ 从“广而告之”到“私人客服”

消费社会中，物质极大丰富，产品的同质化竞争严重。对于多数商家来说，若不能塑造出良好的品牌形象，就只能陷入价格战的恶性循环。

市场营销是塑造品牌形象的重要手段。不过，随着移动互联时代的到来，移动互联网广告重构了传统的营销模式，也为企业打造有特色的品牌形象提供了更多契机。

例如，国内知名的洗衣粉品牌汰渍，就充分把握了移动互联时代营销的互动性和实用性特质，推出了极具特色的移动互联网广告，成功塑造出了人性化“贴心客服”的口碑形象。

在汰渍的移动互联网广告中，重点不再是品牌形象和产品信息的推送，而是为用户提供人性化、实用性的洗洁方案。比如，用户可以在智能手机中查看到污渍的分类图文和合理的洗涤方式；可以将自己的洗洁体验分享到移动平台中；等等。

不同于以往的“广而告之”营销模式，汰渍将人性化的贴心客服置入移动互联网广告营销中，既用专业化、个性化的服务为用户创造了新的产品体验，塑造了自身的行业精英形象；也通过消费者的互动、分享，实现了良好的口碑传播和品牌塑造。

相对于传统广告形式，移动互联网广告更具精确性、多样性和个性化，顺应了移动互联时代的市场特征和需求。简单而言，就是商家需要精准把握用户的个性特质和需求，为他们提供实用性、个性化、多元化的产品和服务。

如此，才能一方面有效吸引和黏住用户，实现品牌形象的塑造；另一方面减少无效的广告投放，降低营销成本，并借助用户的主动分享和口碑效应，实现广告传播价值的最大化。

### ◆ 解决了消费者的购买困惑，也就解决了自己的营销困惑

移动互联网是一个更加以人为中心的时代，消费者在商业生态中居于核心和主导地位。企业只有真正以用户为中心，围绕用户的需求提供最优的解决方案，才能真正赢得消费者的青睐，实现自身的营销目标。

例如，对于很多喜欢美甲却又没有时间去卖场的女性来说，常常苦恼于如何选择最适合的指甲油颜色。作为国际美甲业的领军品牌——O. P. I敏锐把握了消费者的这一需求。在其推出的移动互联网广告中，消费者可以借助手机，挑选出与自己相符的“手模”模板，然后根据广告中的编号选择不同的指甲油进行搭配，从而筛选出最满意的产品。

总体上看，O. P. I的移动广告，是以用户需求为中心，借助智能手机实现了用户的互动式消费体验，从而有效解决了用户困扰，也赢得了用户青睐。因此，很多知名品牌也争相开始研发相关的移动 APP，以便为用户提供优质的问题解决方案，实现互动式移动营销。

随着智能化、大屏化、多媒体等功能的不断升级完善，手机等移动终端具备了更强的解决能力。移动互联网广告的最大特色，就是满足了消费者的参与体验需求，极大地优化了他们的产品和服务体验。同时，借助用户的交互分享，商家也塑造了良好的口碑形象，获得了更多的广告传播价值。

### ◆ 提供一体化的服务

随着移动互联网的不断发展，移动广告也逐渐转变了以往简单的图片或文字投放方式，以在有限的移动空间中，为用户提供更加方便快捷的一体化服务，体现移动互联网广告营销的个性化、多元化、定制化特质，实现移动营销效果的最大化。

例如，2009 年，搜索引擎巨头 Google 在移动端推出了“手机搜索运动”。一方面，该平台将知名的手机网址导航、优质的 WAP 站点以及移动 APP 等资源聚合起来；另一方面，通过对消费者性别、年龄、偏好等特质的分析判断，进行更加精准化、个性化的广告营销推送，在为消费者创造全新价值体验的同时，实现基于他们分享传播的互动式营销转型。

就本质而言，移动互联网广告的营销模式，是借助智能手机等移动端的即时性跨媒介连接让消费者参与到移动广告的营销互动之中，从而让人们获得营销内容之外的参与体验价值，极大地优化用户的产品或服务体验。同时，商家也能够借助用户的主动交互分享，实现影响力的快速扩散，获得更多的广告传播价值。

## ◎ 多屏时代的移动营销新体验

智能手机、平板电脑、智能电视等设备的发展以及普及，让用户的目光不再单纯停留在电脑屏幕上，这些功能丰富的设备也逐渐分散了用户的注意力，用户与屏幕之间发生的交互已经远远超越了传统媒介。

在过去，人们会通过报纸、杂志以及收音机等传统媒介获取信息，而如今随着各种电子设备的流行以及其信息获取的便利和快捷性优势，电子产品在人们的工作和生活中发挥了越来越重要的作用。这些智能电子设备的出现也与电脑屏幕形成了多屏互补以及合作，同时也意味着将人们推进了一个多屏时代。

多屏时代的到来，让人们可以在同一时间段使用不同的智能终端设备，这样一来消费者的注意力就无法长时间聚焦在一款设备上。因此，对企业来说，在营销过程中不仅需要注重从向移动领域转移，同时还要注意在多个屏幕间的转移，从而实现营销体验感与多屏体验感的融合。

### ◆ 智能手机：移动营销的主元素

在众多的智能电子产品中，智能手机是多屏时代的主力，并且也是在移动互联网时代的先锋产品，相对于其他智能段移动设备来说，拥有更多先天的优势以及更丰富的发展资源。因此，在移动互联网的浪潮席卷而来之时，智能手机就成为多屏时代发展的主元素，在众多的智能移动端设备中拥有较高的地位。

在这一背景下，随着传统营销在移动领域的转移扩张，在移动互联网领域开始出现“移动营销”这一新概念，而智能手机也成为移动营销的中坚力量。

很多人在谈到移动营销的时候，都会很自然地联想到移动营销就是利用智能手机进行相关的营销操作，这也是很多业内人士的误解，因此这就让那些刚进入移动营销领域的从业人员造成了这样一个误区：智能手机就是移动营销的全部（如图 1－8 所示）。

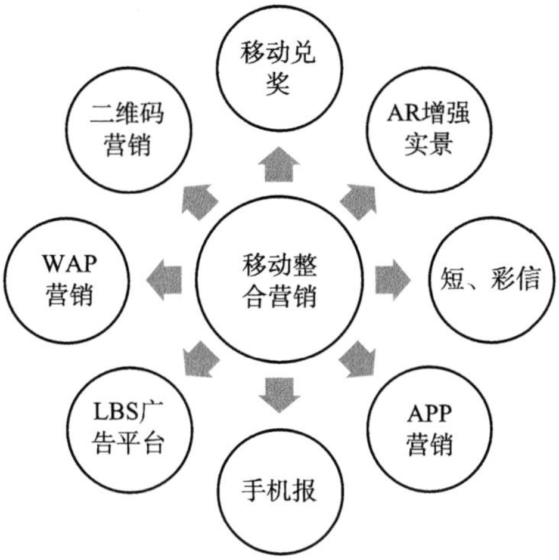


**图1-8 移动整合营销的内涵**

如此一来，电脑与手机甚至是平板的结合就变成了营销中的一种主流方向，而多屏时代各种智能手机、数字智能电视、台式电脑、平板电脑、笔记本、智能可穿戴设备等结合起来的多屏全面互动营销，还没有得到更多的关注和利用。

如果移动营销的从业人员能够抓住这次多屏时代所创造的时机，合理开发和利用多屏全面互动营销，将有可能引爆移动营销，并将其推到一个新高度。

### ◆ APP广告：移动互联网时代的营销引擎

随着移动互联网在人们生活中的深入渗透，各种基于智能手机端的APP也呈现了井喷式增长，并为人们的生活带来了极大的便利。人们的生活以及消费方式也逐渐走向智能化。

移动APP开始受到众多广告主的关注和重视，并成为重要的广告载体，移动化应用的发展正在逐渐对品牌营销的未来形成引领之势。

在这种背景之下，品牌应该如何开展营销成为众多企业亟待思考和解决的一个重要问题。在笔者看来，企业品牌要想打好这场营销之战，就需要遵循移动互联网时代的商业规则，并掌握相应的品牌传播要领，这样一来才能确保在未来的竞争中抢占先天优势，以更加丰满的羽翼给对手以强有力的打击。

目前知名的移动营销方案提供商，都是在移动营销浪潮的推动下，以领先的优势引进和建立了 APP 移动广告平台，从而为当地的企业和广告主提供高度定制化的移动广告解决方案，帮助他们在移动营销大战中抢占更有利的市场地位。

一般来说，领先的移动营销方案提供商的优势主要体现在以下几个方面：

1）拥有国内最大的精品 APP 群

拥有国内领先的移动广告自助交易平台，能够为广告主提供精准、个性化的移动互联网产品营销以及品牌推广服务视为重要的责任和要务。其往往集合了全国优质的 APP 资源，创建了国内较大的精品 APP 群，其 APP 设计的种类包括即时聊天、阅读、新闻、游戏、网上购物等。

APP 精品资源库中拥有的高品质应用可以在 40000 种以上，每天广告展示的页面浏览量能够达到 2 亿左右，亿万级的页面浏览量可以让产品获得更高的关注，满足了众多企业在营销方面的需求。

2）形式多样的创意展示

为了提高广告的浏览量，丰富消费者的视觉体验，移动广告自助交易平台还不断丰富产品的广告展示形式，为人们展现了全屏广告、视频广告、互动广告、炫动广告以及在位置定位基础上的广告等多种广告形式，从而避免消费者的视觉疲劳，并能有效刺激消费者做出购买决策。

此外，企业也可以根据自身的情况自由选择广告展示形式，使广告形式能与自身形成良好的配合，更加清楚地表达品牌和产品所要传递的信息，从而更好地刺激消费，提高产品销量。

3）领先的投放模式

能够实现精准以及定向营销一直以来都是广告主和企业追求的一个目

标。而APP广告平台的出现让这种“极力追求的目标”逐渐变成了现实，并为企业以及广告主带来了实实在在的效益。

移动营销方案提供商从用户的消费习惯、兴趣状况、媒体属性、网络运营商、手机品牌、操作系统等多个维度出发，创建了一种可以实现多方位立体化的投放功能，企业和广告主可以根据地域、手机型号、运营商等不同的划分标准对消费者进行多维度定位（如图1-9所示），从而实现更加精准、高效的广告投放，有效避免了广告资源的浪费，实现了广告的收支平衡。

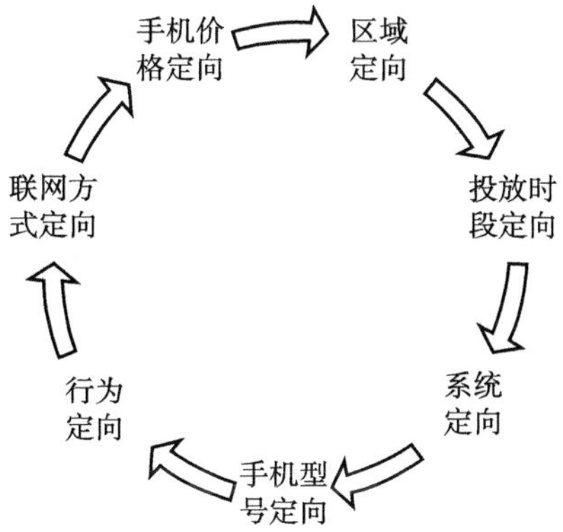


**图1-9　领先的投放模式**

4）移动解决方案三步曲

移动营销方案提供商创建的APP广告平台在运作过程中应该始终坚守“精准、定向、高效”的理念，在为企业以及广告主提供移动解决方案的时候还可以专门制定三部曲战略：

★ 第一步：了解和掌握企业的背景以及实际需求，利用科学的方法帮助企业锁定目标群体，并挖掘潜在的客户；

★ 第二步：在锁定目标客户之后，根据目标客户的特征筛选APP资源，从而实现精准的广告投放；

★ 第三步：为了保证传播效果，APP广告平台还会提供专门的监控工具，对广告传播中的营销数据进行实时监测，从而及时发现在广告投放中的不足，不断调整和优化营销策略，从而提高营销效果。

移动营销时代，APP 移动广告投放模式的效果已经在实践中得到了证实，因而引起了众多广告主和企业的广泛关注。从根本上来说，在这场营销卡位战中，谁能够抓住用户这一关键力量，谁就将能在未来傲视群雄。

## ◆ 多屏整合：全面提升移动营销效果

国际数据公司（IDC）在对中国手机市场进行跟踪调查的过程中预测，到 2017 年中国智能手机的出货量将突破 4.6 亿台，国内移动互联网的基础用户将达到一个新的高度，而移动互联网时代的移动营销也将实现更快的成长和飞跃，并即将走向成熟的发展阶段。

对企业来说，在即将走向成熟之前，是进行移动营销布局的最佳时机。移动互联网的发展，为人们提供了一种更加快捷、方便的信息获取方式，同时也提高了人们对信息的过滤速度。不仅每天接收的信息量会无法估计，而且受众群体所接收信息的终端也很难实现一致。

利用智能手机开展的移动营销，正在想方设法提升碎片化信息的营销效果，而将多屏设备联合起来的营销方式还未被充分开发和利用，因此这也就为移动营销的从业者们创造了一个有利的时机。

多屏时代的移动营销可以是这样的：

当消费者在逛完商城去收银台排队缴费的时候，发现收银台附近的电视屏幕上正在播放一些有趣的广告内容，并且他对这个广告非常感兴趣，于是就拿出包里的平板电脑上网查询更多与广告内容相关的信息。

如果需要直接从平板上进行购物的话，就需要利用绑定的第三方支付平台或者网银付款。回到家，如果还没有对刚才感兴趣的产品做出购买决策的话，打开智能数字电视，还可以进一步了解更多的信息，从而做出购买决策。

随着移动端智能设备的逐渐丰富，我们需要一个更加贴近用户生活的整合移动营销来实现多款设备之间的连接，这是移动营销领域尚未被攻克的一个难题，也是未来亟须解决的一项挑战。

随着多屏时代的深入发展，多屏移动营销将成为未来企业营销的一种重要方式，怎样提升消费者的移动营销体验、增强移动营销的效果已经成为当下众多营销团队需要重点思考的一个重大难题。

## ◎ 移动广告改变商业与生活

### ◆ 移动广告重构品牌价值

瑞典的宜家家居（IKEA）通过与美国劳氏公司（Lowe's）以及专门为高端社区用户提供装修建议的 houzz. com 网站达成战略合作，成功地将一个消费者购物平台转化为一个引导消费者发掘消费需求的消费平台。

拥有月均 5000 万以上的用户浏览量的 houzz. com 开发出了提供家居设计、装修风格、建筑风格的引导消费者购物的消费平台，最终获得了巨大的成功。另外 houzz. com 抓住业内在平板电脑界面存在诸多问题的痛点，投入巨大的精力在平板电脑的界面优化上精耕细作，从而赢得了消费者的信赖与尊重。

### ◆ 社交广告提升产品附加值

社交平台有着庞大的用户数量而且具备良好的广告功能得到了广告商们的一致青睐。目前，谷歌以 48.76% 的移动网络广告收入占据榜首，紧随其后的是新一代的社交媒体平台 Facebook。对于这些广告行业的商家来说，社交平台能够创新广告模式，和其他竞争者之间形成多元化与差异化竞争，摆脱陷入价格战的局面，从而提升产品的附加值使收益最大化。

蒙大利兹公司利用一个在 Facebook 上发布吉百利糖心巧克力蛋糕动态

信息的营销活动，将广告内容以更为友好的方式展示在了 Facebook 用户的动态信息之中，取得了极佳的广告效果，经过相关统计大约有超过 600 万人通过移动终端参与了该项活动，产品销量获得了大幅增长。

### ◆ 相关技术将广告商和消费者无缝对接

零售商们所进行的渠道整合，使得多渠道追踪技术检测消费者的行为信息模块建设成为关键因素。此模块的实现不仅构建了一个全方位连接各个渠道的综合体系，还能使广告商们获得营销推广投入完成转化的受众数据，而当下的 cookie 管理器在目前还无法作为承担此项重任的有效载体，在如此庞大的手机流量面前其数据处理能力显得十分有限。

以微软、谷歌为代表的科技巨头目前均已经开始了此领域的探索，其核心是使企业打通一条流畅的兼具浏览与购物功能的通道，而且还能实现此通道与用户的无缝对接。

相关案例已经证明，对用户的行为数据进行分析具有难以衡量的价值。比如，美国在线影片租赁商 Netflix 将用户通过共享观看影片时的行为信息记录下来，经过分析后向其推送相关的影片，取得了良好的效果。

### ◆ 移动广告改变人们的生活

随着人们对精神生活的追求，音乐的地位越发重要，这也给了媒体播放行业的广告投放带来了一番机遇。比如，佳得乐就与潘多拉联合推出了一项活动：购买佳得乐 G 系列饮料的消费者可以在潘多拉的网站上建立可以添加歌曲的专属“锻炼站点”，充分彰显自己的个性与品位。统计结果显示，播放歌单已经增加到了将近 50 万条，其中 96% 以上的用户都是通过潘多拉网络播放器收听这些音乐。

网络音乐可以使用户体验通过多渠道、全方位的方式予以表达。比如，星巴克咖啡联合在线流媒体音乐播放器平台声破天（Spotify）推出了“送一杯”活动，其点击量在短时间内就达到 7 万次，贵宾礼品卡的激活产生了超过 30 万美元的营业额，如果咖啡的赠予并非是现有的会员，星巴克还可以得到一个新的消费者数据，这就为其会员推广提供了难得的契机。

移动互联网时代，不断融合的数字空间与实体空间提供了消费者与商家之间更为便捷的交易渠道。逐渐兴起的移动广告模式与旧有的广告模式之间的碰撞，在市场的“物竞天择、适者生存”机制下最终将会演变为完善的新型广告模式。而在移动网络巨头们对用户的动态信息实时掌控的机制下，映射出的是新型的广告模式由传统网络群体市场向一种更为全面的综合网络市场的逐渐演化。

## ◎ 移动广告的未来发展趋势

与其他的广告形式相比，尽管目前移动广告在整体的广告投入中占据的份额并不高，但是随着移动通信网络环境的不断完善以及智能手机的进一步普及，移动互联网应用将向用户各类生活需求深入渗透，未来移动营销将会成为广告行业重新洗牌的新战场。

最近几年，电商行业经历了一个快速发展的黄金时期，出现了阿里、京东、苏宁、国美等电商企业巨头，布局于互联网的它们开始在移动营销上进行了新一轮探索，移动端网站以及响应式网站的设计优化开始步入正轨。

数字广告的形式开始呈现出多元化的发展趋势，人们在感受到数字化技术所带来的无穷魅力的同时，逐渐开始从 PC 客户端向手机等移动终端转移，相应的传统广告营销模式已经显得有些不合时宜。一些电商企业发现访问的用户中手机用户开始激增，其比例已经上升至两位数，而且手机用户所投入的时间和资金与其他类型的访问用户相比更有上涨的趋势。

对于广告行业从业者来说，真正的问题是如何打破与手机用户之间供求不对等的局面，未来作为多元化的广告形式之一的移动手机广告，将会带来广告行业在三个方面发生重大的变革：

★ 向移动终端的转变将会使众多的用户转向一些大型的社交媒体平台，海量的数字广告资源将会向这些平台转移。

★ 手机搜索引擎的界面优化以及人性化设计会使移动广告营销获得更好的效果。

★ 智能手机的创新发展以及数字化技术的进一步革新将会使传统广告模式逐渐退出历史舞台，而且这无疑给一些敢于创新的掘金者提供了新机遇。

### ◆ 内容是基于消费者角度的广告和故事

广告主需要以不断优化的内容来让消费者与自身交流互动并产生情感的共鸣，要让消费者对品牌有认同感与归属感。

比如，红牛就向消费者讲述了一个个生动形象的故事，人类惊心动魄的绝技被红牛以震撼性的广告展示在消费者的面前。2012 年高空跳伞职业运动员菲力克斯·鲍姆加特纳从 24 英里的高空的纵身一跳，打破了保持长达半个世纪的世界纪录，而红牛也从中收获了 3000 多万人的关注，而且红牛借助投资大众冒险活动更是沉淀了大量的忠实粉丝。

相关的数据统计：截至目前，手机端的视频观看用户已经增长了 2 倍以上，当一个企业的内容被用户在互联网中分享时，可能每秒钟都会有用户浏览，如果这些内容加以精心设计，完全可以成为一种传递企业品牌与文化的移动广告，在这背后所蕴藏的将会是又一个千亿级别的市场。

### ◆ 当广告媒体和信息流内容相匹配

“原生广告”作为一种新型的广告形式，其所产生的广告效果较之传统广告有了质的飞跃，它摒弃了传统的广告内容，将广告内容以一种更为和谐、更为友好的形式予以表达。广告内容与生活的高度相关性成为广告受众之间沟通交流的主题，有效提升了广告效果。如今的广告商要想取得良好的广告效果，需要将广告内容与用户的订阅习惯完美的契合。

移动互联网时代的智能手机完美解决了这一问题，原生广告的传递有了更为优秀的载体，广告内容通过便携式的移动终端完美地展示出来，加速了对传统广告平台和广告模式的冲击。广告商的内容开始和朋友圈以及用户的订阅内容融为一体，以 Facebook、Twitter、微博、微信等为代表的新媒体平台借此获得了巨大的成功。

## ◎ 百度移动广告的商业布局

长久以来，传统互联网企业的商业模式主要集中用于广告与增值服务，而移动互联网的发展，使国内的移动网民数量已经超越 PC 互联网，在巨大的利益诱惑下，移动广告成为传统互联网企业断杀的战场。当下移动广告主要面临着移动端屏幕小、网速慢、转化率较低等难题，从而使广告的展示形式与计费模式受到很大的限制。

BAT 三大巨头之中，阿里准备着将地图、社交媒体平台、O2O 等融为一体打造全新生态链；腾讯则借助微信的入口优势，准备建立微信闭环广告生态系统。相较于这两家巨头的后知后觉，百度则率先看到移动变现的症结所在，并建立了移动网盟作为应对。

而且，百度联盟出资 10 亿元以鼓励那些在移动网盟上的 APP 开发者，其进军移动广告领域已经势在必行，下面我们就探讨一下百度的移动广告市场布局之路。

### ◆ 百度向移动商业化靠拢

早在 2014 年，百度创始人李彦宏就表示百度移动业务增长势头迅猛，移动端搜索流量将会超越 PC 端。由于用户可以自由支配的时间是一定的，因此移动端的时间增长必然会引发 PC 端的时间减少。

如何将这种增长势头迅猛的移动流量转化为价值，成为百度近几年主攻的方向，未来百度还会进一步投资移动流量的开发，用户人数的增长只是一个侧面，关键是要将这种增长转化为实际利润的增加。2014 年手机百度用户数量已经超过 5 亿，百度地图、百度手机助手、百度手机浏览器等 14 个达到亿级别用户数量的 APP 应用，让百度有资本去考虑原始用户积累完成之后到底该如何走好下一步。

移动商业化的屏幕、网速、转化率等问题摆在眼前，局势远没有那么乐观。国外搜索巨头谷歌就陷入了此种困境，相关财务报告显示，近几年谷歌的 CPC（每次点击成本）平均下降了 10%。而根据数字营销公司 IgnitionOne 发布的数据显示：相较于谷歌的下跌状况来说，更令人担心的是移动广告，其平均 CPC 价格下降了 35% 之多。

国内由于移动端与 PC 端的 CPC 价格差距正在逐渐降低，相对应的移动商业化的相关数据呈上升趋势。从长期来看，移动广告的定价超过电脑广告的定价将成为一种不可阻挡的趋势。移动广告与 LBS 技术相结合将提供基于地理位置的广告精准投放。

当前移动商业化做的最为成功的当属 Facebook，它的移动营收份额已经占据总营收的一半以上，和谷歌一起近乎以垄断地位占据着美国移动广告市场三分之二的市场份额。

### ◆ 移动广告平台逐渐成型

百度在 PC 端经过多年的运营积累了巨大的优势，百度联盟拥有超过 60 万的合作站长产业链，自建立至今百度联盟累计给这些合作站长带来了 90 亿元的利润，由互联网数据中心最近几年统计的数据显示：百度联盟、Google AdSense、淘宝联盟在业内一直占据着前三名的位置。

如今百度想利用 PC 端积累的广告优势扩大至移动端，百度联盟投资 10 亿元以奖励那些 APP 开发者，APP 开发者加入百度联盟之后，利用百度联盟提供的软件开发工具包（SDK）开发 APP，这些 APP 产生流量之后，开发者便可以参与抽奖，除分成外还有机会得到最高100倍的奖励。百度做出这一举动有以下几个方面的原因：

★ 移动流量增长势头迅猛，迫切需要提供一种有效的移动变现手段；

★ 大部分的PC站长对移动广告信心不足，需要以较大的诱惑力提高他们投资的积极性；

★ 移动商业化的前期积累将要完成，如今正发展到了实现最大化变现的有利时机；

★ 百度在吸引大规模的APP开发者方面有足够的资本，百度联盟上将近100%的填充率反映了其惊人的广告丰富度，再加上较高的CPC定价，这两者构成了开发者加盟平台的最为关键的指标。

### ◆ 移动广告平台走向：不会一家通吃

移动广告这个万亿级别的蛋糕，相比PC端广告来说是更为复杂的市场，决定了移动广告平台不会一枝独秀。移动广告平台核心的价值创造在于实现广告主与站长（开发者）之间的无缝对接，前者代表了广告投放载体需求方，后者则是广告投放载体的供给方。而移动广告平台能否成功的关键就在于做好以下三个方面：

★ 实现广告投放需求方与供给方的精准对接（地域、风格、规模等都要相匹配），减少资源的浪费；

★ 尽量使用自动化系统处理交易、计算、统计等工作，以减少对人力的依赖；

★ 在产业链中考虑加入附加值，大数据分析就是很好的考虑方向。

移动广告平台需要协助APP开发者一起解决移动设备广告投放中所面临的屏幕小、网速慢、转化率低等问题。移动广告投放从PC端的网站链接转变成了更加明晰的呈现形式，如电商、应用分发平台、本地化生活服务等。

这些新的变化，也赋予了移动广告平台新的特点（如图1－10所示）：

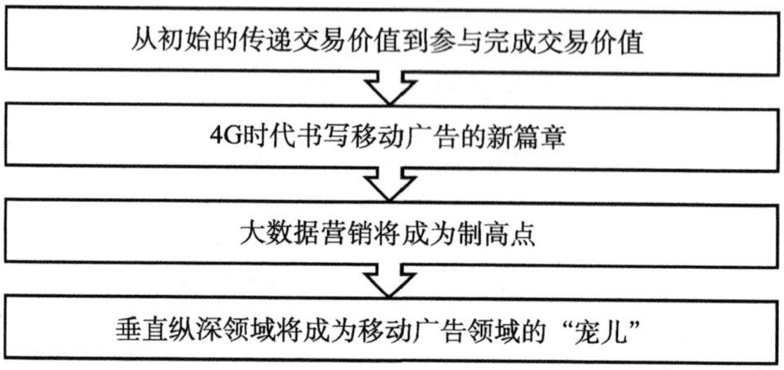


**图1－10　移动广告平台未来的发展趋势**

1）从初始的传递交易价值到参与完成交易价值

PC广告平台的目的是让消费者通过点击超链接后转到目标网站，如今移动广告平台按照成交量计费的广告模式将会成为主流。当平台能够提供安全的交易支付工具时将会获得更大的价值。

2）4G时代书写移动广告的新篇章

4G时代提供更为高速稳定的无线网络体验，一些视频广告、应用分发平台广告、电商交易型广告会重新焕发生机。这些广告将会依托4G时代在广告的内容效果上展现出不一样的风采。

3）大数据营销将成为制高点

大数据分析技术的应用使人们随身携带的移动设备成为商家了解用户详细信息的有力工具。掌握用户经常参与的社交媒体平台、浏览的网页、搜索的习惯、个人的偏好等数据的精准广告将成为商家的一把利器，大数据营销移动广告带来新的革命。

百度经营领域的天然优势，让百度可以开发出大数据引擎、数据工厂、数据存储及发掘等大数据营销应用，这将成为百度的优势。

4）垂直纵深领域将成为移动广告领域的“宠儿”

在以百度为代表的互联网巨头企业进军移动广告领域时，一些初创广告平台可以考虑垂直细分领域。互联网巨头们有大量的资源去实现一个综合全面的平台布局，而初创企业则可以在购物、旅游、游戏等某一刚需垂直领域实现突破。

移动互联网时代的快速发展，使得移动广告商业化前期的资源积累达到一定的规模后将会发生质的改变，虽然如今移动广告领域还存在一些难题，但可以肯定的是移动广告的发展前景将会是一片光明。

## 1.3 移动互联网广告实现精准投放的策略

### ◎ 慎重检测广告位的价值

互联网的高速发展以及移动终端的不断普及，使得互联网广告开始呈现蓄势待发之势，而未来精准投放将成为众多广告商以及广告平台争夺的焦点。实现互联网广告的精准投放就是从用户的属性类型出发，向其展示针对性的广告。用户的属性类型包括用户的注册信息、IP 地址以及用户行为等。

根据艾瑞咨询发布的数据显示，2015 年中国网络广告市场规模达到 2093.7 亿元，同比增长 36.0%。而且随着数字化生活的不断加深，互联网广告的市场规模将持续扩大。

虽然每年广告商在互联网广告市场投入的成本比较高，但是能够实现精准投放的广告所占的比例却非常小，因此精准投放将是未来互联网广告一个重要的发展方向，拥有较大的发展潜力。

对于广告商来说，直接将产品送到有需要的人面前，是他们一直致力于实现的境界和目标。而要实现这一点需要一定的技术和手段，要明确行为的对象、地域的对象以及怎样更有创意的轮播。

将广告投放在媒体的广告位上，经过每天的投放之后检测广告位的广告效果，并根据广告效果及时增减、调整广告投放时间，从而在提升广告效果的同时降低成本。因此，广告的位置与广告是否匹配、广告面向的人群、广告投放的时间以及广告的受欢迎程度都会对网站广告位的价值产生直接的影响。

打开谷歌的首页，你会看到“手气不错”的按钮，然而即便是天天看到，却鲜少有人用到。每年因为这个按钮，谷歌损失的广告营收就可能达到1.1亿美元。由此可见，广告位置价虽高但是如果不能有效利用也不见得能创造价值。

从2009年开始，百度开始由左侧与自然搜索结果混合展示的广告形式调整为右侧展示广告的形式。并通过对广告底色的调整，将左侧广告和自然结果明显的区分开来。这样的展示方式可以让搜索引擎在用户面前保持比较高的公信力，而且由于搜索结果左侧广告位的减少，使广告位更加稀缺，广告位的竞争更为激烈，在一定程度上可以提升广告效果。

不同位置广告位的价值，一般情况下是比较透明和清楚的，投放的产品、用户的关联匹配以及媒介的类型，只有通过这些动作测试得出的数据才能决定企业是否可以在广告位上投放广告，一般情况下一个测试周期有15～30天。

因此在投放广告之前应该对广告位的价值进行谨慎的检测，并根据检测的结果决定是否投放以及投放的时间，从而获得更好的广告效果。广告位的价值除了受消费人群、广告产品的匹配程度、媒介类型等影响外，还有以下几点因素影响广告效果（如图1－11所示）。

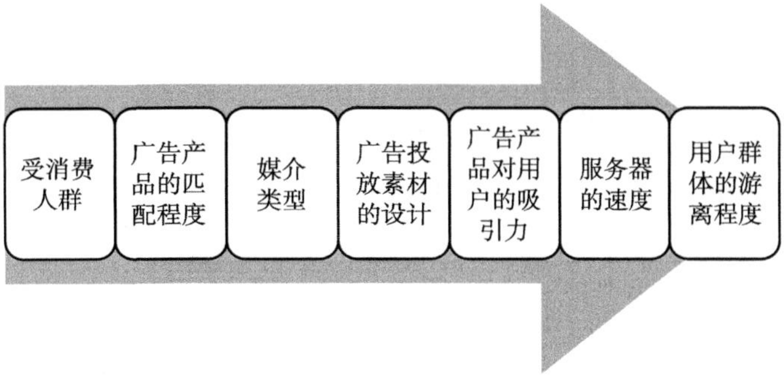


**图1－11　影响广告效果的主要因素**

★ 广告投放素材的设计；

★ 广告产品对用户的吸引力；

★ 服务器的速度；

★ 用户群体的游离程度。

因此，只有通过一系列的检测评估才能准确评估出广告投放的价值，并实现有效推广的目标。

## ◎ 衡量广告位价值的因素

如果要对广告位进行精准定位的话，互联网广告可以划分为地域定向、时间段定向、兴趣爱好行为定向等。将这些行为结合在一起，利用测试得出的结果进行优化，从而有效提升广告效果（如图 1－12 所示）。

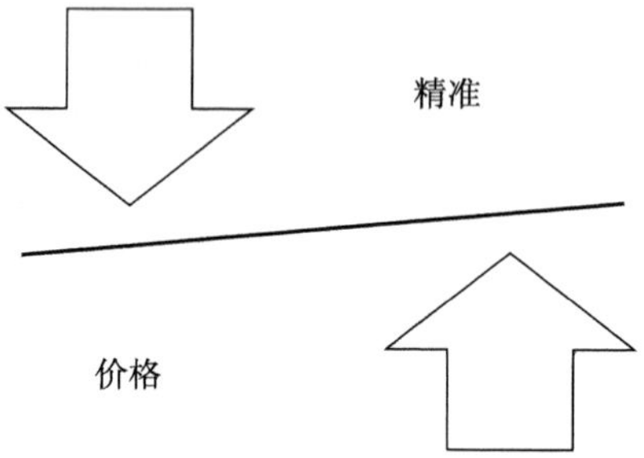


**图 1－12　衡量广告位价值的两大因素**

1）精准是体现广告位价值的首要因素

在谈到精准的时候，很多专家或者业内人士都能夸夸其谈，但是真正落实到实践中也许会产生偏差，至于偏差的多少则主要受监测结果准确性的影响，要达到比较高的准确性，就要保证每个环节的监测均不会出现错误或者不会受到外部的影响。

2）价格也是影响广告位价值的重要因素

从国内目前的状况来看，大部分的门户网站广告费用都比较高，而且由于访问和浏览的数量比较大，所以很难实现更高程度的精准推送，这也就使很多广告商为了宣传投入大量的广告费用，但是收效却并不好。

针对这一问题的调研结果显示：有49%的广告商在门户网站上投入了广告之后并没有达到预期的广告效果，其中有70%的广告商是自己选择的广告位，广告商在选择广告位的时候更多情况下主要考虑广告预算，这也就使得广告的投放效果受价格的影响比较大。

要用较低的广告成本获得较好的广告效果，目前来看只有搜索在这方面比较有优势，但是对搜索引擎来说，需要有一个比较准确的广告定位，否则也很难实现。

由于门户网站的单页浏览量比较大，而且面向的人群比较多元化，因此很多门户网站的广告位主要还是进行广告宣传，通过这种大范围、无界限的传播让更多的人了解到自己的品牌。

毫无疑问，如果要宣传公司品牌的话，门户网站是一个不错的媒体平台。通过这样的方式可以让更多的人看到你的广告，从而吸引他们到网站上浏览和搜索，而且随着时间的推移，看到并直接点击广告的人数将越来越多，你的产品也就拥有了更多的销售机会。

## ◎ 互联网广告的投放流程

互联网广告的投放流程大体可以分为以下几步（如图1－13所示）。

### ◆ 确定广告目标

广告目标的确定，需要注意以下几点：

★ 广告商在投放广告的时候要明确广告投放的目的以及效果，是为了进行品牌建设、新品宣传还是营销促销活动等，期望什么样的效果，广告在投放之后能够对品牌建设有什么作用，可以带来多少销量，能够为网站

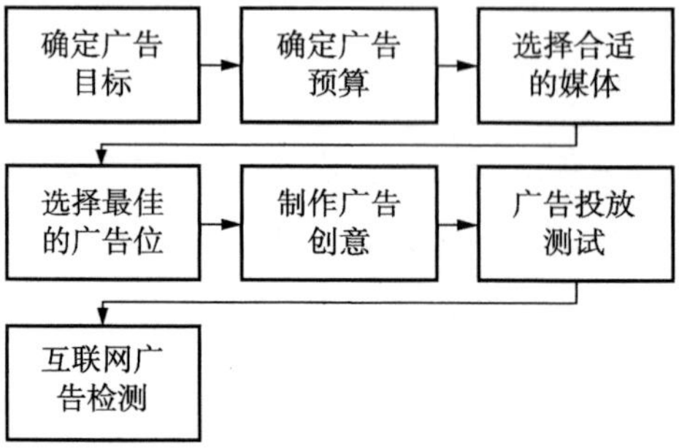


**图 1－13　互联网广告的投放流程**

增加多少流量等。

★ 广告投放确定的目标要有可操作性，能真正落实到实践中去。

★ 将目标实现量化。根据投放广告的时间，按照时间段或者地区对目标进行量化，并通过分阶段地实施来逐个击破。这样一来不仅可以更容易实现目标，也可以增强实现下一个目标的信心，而且一旦在某个目标实现阶段出现问题还能及时进行处理，从而不影响下一个目标的实现。

## ◆ 确定广告预算

确定广告预算，可以从以下几个方面进行思考：

★ 凭借以前投放广告的经验来确定广告的预算，或者根据行业的平均水平来确定广告费用。

★ 根据易观国际、艾瑞咨询以及百度统计等提供的行业数据来确定。

★ 先测试然后确定广告预算。先进行一段时间的广告投放测试，并根据测试时期所投入的费用来确定整体投放的费用。

★ 根据传统广告投放的比例来确定。如果在传统广告中需要投放的费用是 50 元，那么互联网广告投放的费用要更少，在 30 元左右，按照这个比例也可以推算出整体广告投放所需要的费用。

### ◆ 媒体的选择

媒体的选择，需要综合以下因素：

★ 要确定广告的受众群体，简单来说就是希望广告能够被谁看到，分析用户的性别、年龄、职业、爱好、收入以及消费习惯等，从而更精准地锁定受众群体。

★ 应该靠什么吸引用户的目光，应该怎样展示广告才能达到目的。

★ 目标用户会在哪些网站上，他们习惯上网的时间、地点等。

★ 只选对的，不选贵的。

★ 采用集群战略，如果针对的是某一个地区的用户，可以在当地比较知名的资讯网站或论坛上集中投放广告。

### ◆ 广告位的选择

在选择广告位的时候，也要考虑以下几个方面：

★ 网页的流量。要了解广告位所在网页的浏览效果，选择浏览效果比较好的页面投放广告。

★ 广告位所在页面的内容。内容要恰到好处，与广告内容有一定的关联，并且定位也要准确。

★ 关注广告的点击率，了解广告的效果。

★ 关注用户的评论以及帖子。透过用户的评论以及回帖情况了解广告位的效果，及时进行广告位的调整。

★ 对其他媒体给予的广告位介绍进行参考。

### ◆ 制作广告创意

广告创意的制作在很大程度上影响广告的传播范围和推广效果，因此，应该着重注意以下几个方面：

★ 广告要足够能博人眼球。

★ 设计比较有创意的广告语。

★ 广告内容要有可续性的特点，时间不要过长。比如一些能够制造悬念的广告。

★ 广告创意学会灵活多变，可以根据广告位的调整而进行调整。

★ 要有多种创意备案，可以在一段时间之后进行更换，从而防止用户的视觉疲劳。

★ 落地页的设计以及与广告主题相关的页面设计要简约而不失精致。

## ◆ 广告投放测试

通过实际的广告投放来获得广告效果，从而及时调整广告战略，获得最佳投放效果：

★ 不同网站的测试方法

● 相同的广告、页面、位置以及落地页参考相同的数据；

● 综合数据对比效果。通过对比注册量、询盘量、Ip、pv、成交量等的区别，分析出哪个网站的效果好，哪个网站性价比高。

★ 同网站的测试方法

● 针对不同页面的广告位、落地页、广告素材等，看看哪一个性价比更高。

★ 监测工具：付费的广告管理系统

## ◆ 互联网广告监测指标

互联网广告的监测，可以通过以下指标进行：

★ 广告播放的次数、点击率以及跳转率。

★ 咨询量与 ip 数之间的比例。

★ 网站 IP 和 pv。

★ 交易量。

★ 持续时间。

★ 总销售额、纯利润以及开发单个用户的成本。

## ◎ 个性化的精准投放策略

享有“互联网女皇”称号的前摩根士丹利互联网分析师、KPCB 合伙人玛丽·米克（Mary Meeker）在 2015 年 5 月召开的 Code Conference 大会上指出大数据、云计算、个性化以及广告将在未来几年时间里成为备受关注的话题。

同时，在互联网领域也形成了一种普遍的共识：现在要做的就是要在几年之后能够成为主流的东西。因此，广告的个性化趋势将成为未来移动广告时代的一种主流。

### ◆ 个性化：移动广告转型的突破口

移动终端在屏幕、用户体验以及交互方式方面与 PC 端都存在很大的差异。在大屏幕上可以忽视的一些内容，在转移到屏幕比较小的移动终端上之后，就很难被用户忽视。

从本质上来讲，移动互联网就是一种“人联网”，因此其必然摆脱不了内容和技术的个性化趋势。移动互联网的发展将整个社会带入了一个全新的时代，在时代背景以及移动大潮的推动下，越来越多的公司开始重视个性化的内容以及技术。

个性化的内容，我们也可以理解为原生广告，原生广告就是以网站以及 APP 的用户体验作为出发点，用广告内容作为驱动力，并整合网站或者 APP 中的可视化设计的一种广告形式。目前不管是 PC 端还是移动端都在积极开发原生广告。

原生广告作为一种新兴的广告形式，集高度相关性、个性化以及与广告内容的完美融合于一身。原生广告是时刻以用户体验为出发点和落脚点的广告模式，也是移动互联网广告未来发展的一种趋势。原生广告主要采用的是一种点击付费的模式，只有用户点开广告，广告商才需要缴纳广告费用，这样就为广告商的广告投入提供了基本的保障，同时也可以促进服务提供商不断提升用户体验和广告精准度，从而获得更好的宣传效果。

而且，用户如果适应和习惯了高度个性化的内容，就很难接受之前那种千篇一律、枯燥无味的内容，这也反映了用户需求逐渐个性化的趋势。

在社交逐渐占据主流的时代，对广告商来说，消费者的主动转发就是对其最大的支持和帮助，让消费者主动去转发并不是单纯依靠看似漂亮的广告就可以做到的，大众传播媒体时代的传播思想已经不能适应新媒体的需要，而是应该以消费者为核心，从他们使用的工具在特定的场景中选择适合的传播方式。

### ◆ 前端讲故事，后端重技术

广告商要想让消费者主动为其传播和转发，首先要打动消费者，归结到一点就是要学会讲故事，讲消费者爱听的故事。

但是每一个消费者或者受众群体的想法、思维方式以及背景都是不一样的，因此能够吸引和打动他们的故事也是不同的。而要挖掘不同受众个体的个性化需求，并进行个性化推荐，就需要后端的技术支持。

个性化推荐对广告商来说具有重要的意义，可以实现精准的广告推送，但是要实现这一点并不容易。个性化推荐需要广泛收集和深度剖析大数据，同时还要将机器学习和数据挖掘结合起来，通过发挥两者力量做出精准的个性化推荐。

比如后台数据显示，有80%的消费者是从朋友圈看到了相关的信息而产生的购买行为，但是如果这时候还在积极拓展其他的渠道向消费者传播信息，不仅对消费者影响较小，同时还会造成巨大的损耗。因此，如果不能对后台不同功能的模块进行有效的利用，那么前端讲的故事也很难传播出去从而影响更多的群体。

在移动广告时代，如果能够掌握后端的技术要领，充分发挥技术的功能，便可以使广告达到事半功倍的效果。

## 1.4 大数据时代的广告业变革

### ◎ 大数据时代的精准投放

大部分网络用户都对这样的现象并不陌生：自己在搜索引擎中输入的关键词，与当前界面右边展示出来的广告信息是相对应的，即便你退出搜索界面，登录其他网站，广告栏中呈现出来的信息内容仍然与你查询、浏览过的信息密切相关。

不过，多数用户对这种情况已经习以为常，而业内人士却能从中看出时代变革的痕迹。身处当今时代，人们对互联网已经非常熟悉了，大数据逐渐进入人们的视野，成为人们关注的焦点。著名管理咨询公司麦肯锡也意识到了大数据的价值所在，认为数据作为现代社会的生产要素，其应用正在延伸至越来越多的行业及领域中。

#### ◆ 大数据：一切皆可量化

数据的来源渠道是什么？在互联网不断发展的今天，网络用户规模逐渐壮大，来源于用户的内容生产也日益增多，这些都是大数据的来源渠道。用户的所有行为数据都能够被互联网获取，比如：

★ 用户在网上查询信息时，其所进入的网站、在搜索引擎中输入的关键词，都将被互联网获取；

★ 用户进入社交平台，进行信息转载、参与话题讨论时，其行为数据也能够被获取；

★ 用户在线上购物平台浏览商品、下单时，其消费数据、相关的物流数据也会被互联网获取。

与此同时，随着移动智能终端的普及应用，加上用户对实时定位技术的追捧，导致其位置信息也由互联网全程掌控，网络服务商利用对用户信息的收集与进一步的分析，了解用户的行为特征，并据此推测其未来的走向。

大数据的核心特征在于能够将所有事物以精确的数据形式体现出来，包括语音、视频、日常购物、地理方位等在内的所有信息，都可以通过数据来体现与储存，即使是用户间的交流互动、情感体验等，也能够以数据形式加以表达。举例来说，百度地图用数据形式描述地理位置，微信、QQ用数据表现用户间的互动关系，微博、好友圈则通过数据来表达用户的情感体验。

大规模、非结构化的数据在信息传播中发挥着不可替代的作用，在企业竞争中占据着越来越重要的地位。

### ◆ 从“以媒体为中心”转向“以消费者为中心”

立足于广告行业发展的角度来分析，大数据的应用使现代广告与传统广告模式完全区分开来。在传统模式下，广告信息的推广主要通过创意展现获取消费者的关注，通过大范围的信息推广进行商品营销，这种方式需要大规模的成本消耗，而其效果十分有限。在很多情况下，广告主意识到自己的投资有相当一部分没有发挥作用，但他们不知道应该采取什么措施来解决这个问题。大数据的应用，能够有效提高信息推广的针对性。

要提高信息推广的针对性，就要熟悉并把握用户行为特征，为此，商家需要将用户群体分为不同类型，还要提前推测其消费需求。从中能够看出，如今的广告运营已经将关注焦点从媒体分发迁移到对用户群体的价值挖掘上。

以往的广告都以媒体为中心开展运营，媒体本身的价值越高，越容易获得广告商的青睐，不过，此时的广告商了解最多的是媒体面向的用户，对自身产品的潜在消费者则知之甚少。如今，商家利用大数据技术，可以实时获取潜在消费者的行为数据，然后对其行为数据进行深度分析与处理，把握消费者各方面的信息，了解其内在需求。

利用大数据技术，既能对目标群体的年龄、性别、所处的位置、收入水平等有着详细的了解，还能对其信息搜索、社交分享、参与的话题讨论等进行分析，从而把握这些用户的关注重点、社交关系以及消费习惯等。用户在开启移动终端的定位功能时，商家还能获取他们的实时地理位置信息，进一步完善对目标群体的信息把握。

另外，商家可通过大数据技术的应用，把分散在不同领域的消费者集中起来，按照其共性特点进行归类细分。属于同一类型的消费群体，可能对某一类内容感兴趣，也可能更容易接受某种推广形式。在大数据时代，能够通过深度挖掘从海量信息中筛选出具有实际作用的数据，或者分析不同数据之间的复杂关系，有效预测其未来走向。在充分把握消费需求的基础上，提高信息推广的针对性。

根据对消费群体行为特征、个人偏好的了解，能够科学判断他们的消费需求，也就是说，要把握消费群体的需求，就要获取相关的数据信息。此外，商家还可利用大数据把握与特定需求相关的其他需求，引导其消费行为。典型案例是沃尔玛在深度分析消费者购物数据的基础上发现，年轻的父亲在为孩子买尿布时，往往会给自己买几瓶啤酒，为了促进这两种产品的销售，沃尔玛将尿布与啤酒这两种看似并没有关联的商品摆在一起出售，成为营销界津津乐道的故事。

## ◎ 传统广告思维的变革

### ◆ 大数据让传统广告改变

我国的第一条电视广告诞生于1979年，从20世纪70年代到今天，我国商业广告在发展过程中不断进行改革与调整，如今的广告已经完全不同于传统广告模式。

不可否认的是，媒体终端不断更迭、推广渠道日渐延伸和先进技术的推动促成了商业广告的改革升级。近年来，随着大数据的崛起，传统广告行业的发展也会受到影响，呈现出新面貌。

### ◆ 营销理念："效果营销"博弈"品牌营销"

利用传统媒体（如广播、电视）进行广告投放的运营逻辑是，经过推广扩大品牌的覆盖面，提高品牌影响力，给受众留下深刻印象，带动销售规模的增加。在这个过程中，"品牌营销"的理念发挥主导作用。其实际效果要在营销工作结束后，通过抽样调查来检验。

在传统模式下，整体商业环境并不像今天这么复杂，有相当一部分商家通过品牌营销名声大震。然而，经过多年的发展，更多用户倾向于新媒体，广告主希望在方案实施前就得知最终能够达到的效果。品牌竞争受到众多因素的影响，但传统媒体对先进技术的应用十分有限，也无法保证实际效果。

互联网的出现及发展始终伴随着技术的革新。凭借对先进技术的应用，以及互联网平台的优势发挥，互联网广告能够对流量规模、销售信息进行精准呈现。与此同时，大数据技术的应用，进一步提高了互联网广告的针对性，能够根据用户的个性化需求进行信息推送。虽然"效果营销"与"品牌营销"之间存在一定交集，但效果营销能够充分进行数据挖掘，保证实际效果，给传统的品牌营销带来挑战。

### ◆ 学科属性：“社会学科”PK“自然科学”

从理论层面上来说，现代广告学作为一门社会学科，涉及经济学、市场营销学、传播学、新闻学等众多学科，在具体实践过程中，则需注重创意设计、推广措施以及市场检验。

随着大数据在广告营销领域的渗透，先进技术的应用在其中发挥着越来越重要的作用。数据资源的收集、信息分析及处理、潜在消费群体的锁定等，都涉及现代信息技术的应用。随着大数据的普遍应用，无论是渠道开拓、资金获取、政府部门的协调等都无须企业投入更多的精力来解决，但广告行业对技术方面的要求在不断提高。

如果说大数据的应用降低了广告的社会学科属性未免有些言过其实，但不可否认的是，大数据的确使广告的自然科学属性比以往更加突出。

### ◆ 产业导向：“媒体本位”VS“受众本位”

简单来说，传统模式下的广告企业在具体运作中，是以媒体为中心实施操作步骤的，需要根据媒体的广告时段以及广告投放的位置与广告主协商，最终达成一致。如今，大数据在广告行业的应用逐渐普及，网络广告发展迅速，现代广告运营的重心逐渐转移到受众群体身上，广告主确定自己的潜在消费者群体，服务方在这些用户群体中进行信息辐射。未来，受众可能会取代媒体，成为广告企业的运营中心。

从另一个角度来说，所有新技术从刚刚兴起到稳定发展的过程中，都要经过长时间的摸索，克服一系列困难。大数据在广告领域的应用也不例外。首先，为了进一步挖掘大数据应用的商业价值，其从业人员不仅要懂得数据分析，还要掌握营销的专业知识及技能；其次，企业在大数据应用早期需要收集海量数据并将其分类储存，这要求企业具备足够的资本实力；最后，大数据对传统营销模式进行了彻底变革，可能需要长时间的适应。

从更加长远的角度来分析，大数据在推动广告行业升级变革的同时也会带来阻力。大数据技术的深度应用很可能会推动新型产业的出现与崛起，届时，这些企业会使传统广告行业不得不在激烈的竞争中求生存。

一方面，产业链开始端可能汇集众多数据服务企业，针对广告公司在数据资源获取及分析处理方面的需求提供完善的解决方案。另一方面，在产业链主导运营的环节，会出现众多在数字技术应用基础上诞生的广告企业，这类企业以大规模的数据信息为参考，进行广告设计、方案实施及效果验证，利用大数据分析技术锁定潜在消费者群体。与传统广告公司相比，这类企业的运营效率更高，拥有显著的竞争优势。

此外，广告产业不再像之前那样拥有严格的界定，不同产业之间会产生交集。举例来说，百度搜索、淘宝经过多年运营，获取了海量的用户浏览数据及消费数据，相对于广告公司，这些网络平台能够更加精准地推测用户需求，因此，百度与淘宝在广告业务方面都有所涉及。

而另一边，广告主即便没有与其他数据服务机构合作，也能够利用大数据技术，独立进行消费者数据的获取及深度处理。通过广告领域内部以及不同产业之间的跨界合作，进一步提高数据资源的利用率，推动整体的发展。

综上所述，大数据已经不再是单纯的技术革新那么简单，其应用是在思维层面的突破性进展。从广告主的角度出发来考虑，关键的是要把握消费者需求，大数据的应用恰好能够为广告主提供完善的解决方案。广告主要发挥大数据的应用价值，根据市场需求的变化，及时革新自身的广告运营方式，推出更符合受众心理需求的广告产品。另外，还要采取恰当措施，克服大数据技术带来的阻力，以便在日趋激烈的市场竞争中维持自己的地位。

## ◎ 大数据在广告营销中的价值

大数据技术的应用在改变我们生活及工作的同时，更为我们寻找数据背后的客观规律提供了一种有效途径。建立在对潜在消费群体进行深入分析，并进行定制营销基础上的现代广告营销，对数据的规模及精准度有着极高的要求，而大数据的出现无疑为其落地提供了强有力的支撑。

从广告营销的维度上来看，大数据存在巨大的应用价值，它凭借能够高效精准地描绘出目标群体用户画像的优势逐渐得到了营销界的一致认可，并逐渐成为许多品牌商进行营销的重要工具。具体来说，大数据在现代广告营销中的价值主要包括以下几点（如图 1－14 所示）。

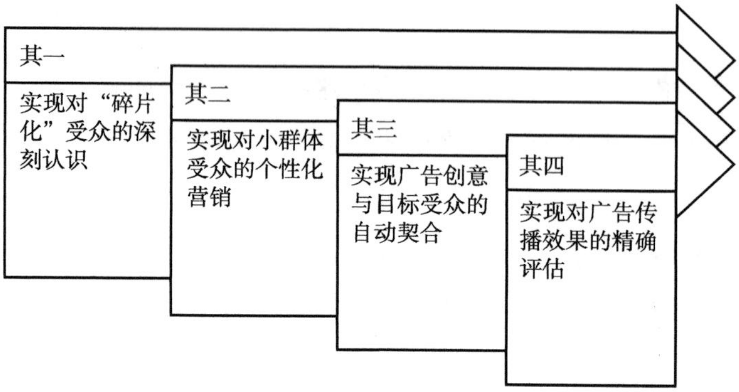


**图 1－14　大数据在广告营销中的价值**

### ◆ 实现对“碎片化”受众的深刻认识

由于移动互联网技术的持续突破及智能手机的迅速普及，大量的社交媒体平台不断涌现，其创造的内容也以几何级倍数保持着高速增长。在这种背景下，被大量信息环绕的消费者会更加倾向于选择那些自己真正感兴趣的内容，个性化需求得到了充分释放。人们在获取信息时，表现出强烈的移动化、碎片化特征。

独占性极强的传统媒体主导的年代早已远去，在媒体平台多元化、内容差异化、内容需求移动化及碎片化的营销市场环境中，了解目标群体的兴趣爱好、消费习惯，并根据这些信息进行定制化的广告营销，成为摆在营销从业者面前的一大重要课题。

而通过以大数据技术为核心开发出的各种大数据分析系统及应用软件，可以有效收集目标群体的社交数据、电商数据、搜索数据等信息，并依据这些信息清晰地描绘出用户画像，从而帮助企业将分散在各个媒体平台中的潜在消费群体整合起来，进行高效而精准的定制化营销。

### ◆ 实现对小群体受众的个性化营销

通过大数据分析技术，企业虽然能够在掌握目标群体用户的基础上，制定出定制化的营销策略及内容。但在具体的营销策略落地环节过程中，企业还需要借助大数据分析技术，对不同媒体平台中的信息内容形式、用户的信息阅读习惯、阅读心理等进行综合考量，从而对已经制定的营销策略及内容加以改造优化，最终让那些身处不同媒体平台中的潜在目标群体获得良好的营销体验。

### ◆ 实现广告创意与目标受众的自动契合

优秀的广告创意会吸引目标群体的关注，并提升营销转化率，这是建立在对目标群体的受教育水平、性格特征及价值观等信息有充分了解的基础之上。

广告创意与目标群体的匹配度对营销结果将产生直接影响，在传统的广告营销过程中经常会存在营销内容与目标群体不匹配的问题，部分营销方案还会由于不了解当地文化、宗教、法律等信息，而为企业带来严重的公关危机甚至遭受监管部门的惩罚。

而大数据则可以在较短时间内帮助企业实现广告创意与目标群体的高度匹配。具体来说，在借助一些创意自动化技术的基础上，大数据分析技术将根据目标群体在互联网中留下的社交、购物、求职等信息，创造出海量的创意素材并对其进行精准投放。

### ◆ 实现对广告传播效果的精确评估

广告传播效果具有多样性及滞后性等特征，如果不能借助有效的评估工具往往很难对其进行评估。在传统媒体主导的年代，广告主在电视、报纸、杂志等传统媒体中投放广告后，很难对营销效果进行衡量。从本质上而言，电视收视率、期刊发行量等数据对广告主并无太大的参考意义。因为观看电视节目或阅读报纸、杂志时，人们可以选择不看那些推广信息。

而通过大数据分析技术对广告传播效果进行评估，则是全方位、立体化地采集广告数据。很多时候，还会对目标群体的进行直接评估，从而得到更为高效、更为精准的评估信息。

从整体来看，大数据分析技术作为新一代信息技术，与移动互联网、云计算等技术共同影响着人们生活及工作的方方面面，对人类的发展轨迹产生了重大影响。对于身处竞争日趋白热化、各行业纷纷进入加速整合期的时代背景中的诸多企业而言，只有借助大数据分析技术提升自身的营销能力，运用内容营销、场景营销等创新型营销方式快速赢得消费的信任，才能让企业在同质化泛滥的市场竞争中突围而出。

## ◎ 大数据在广告营销中的应用

### ◆ 用大数据集合碎片化，用标签锁定用户群

移动广告并不是简单地将 PC 端的广告搬运到手机上，因为手机上 APP 丰富多样，用户的注意力比较分散，难以锁定特定的受众群体，加之移动互联网上门户级的 APP 较少，使得信息和入口更加碎片化，多种因素的综合也就进一步增加了移动营销的难度。

怎样才能找到特定的受众群体，并进行精准的广告推送呢？在现实生活，每个人都是一个独立的个体，他们有自己的容貌、个性、身份、地位、名字等特征，人们可以通过这些特征去识别特定的个体。而在互联网所创造的虚拟世界中，要识别每一个移动用户，就需要大量的标签来对其进行锁定和勾勒。利用大数据技术将面向用户的姓名、性别、年龄、兴趣爱好、经历等属性集结在一起，再加上移动设备的其他属性，从而勾勒出一个可识别的虚拟用户，实现精准定位和个性化推荐。

大数据平台为广告管理服务和受众定位服务提供了重要的支持。通过对收集的海量用户的行为数据进行智能计算，构建起了一个拥有庞大精准人群的数据库，在这一数据资源的基础上通过场景的投放获得更多群体的关注。

随着大数据技术的不断提升，大数据平台可以通过比较精确的数据分析去预测可能的受众群体，并为他们贴上标签。数据量越大、异质性越高，数据分析以及预测的结果就更准确，在精准锁定用户群体的基础上，移动广告投放所获得的营销价值也就越高。

### ◆ 利用大数据促进广告内容的精准投放

大数据为互联网广告带来了一种全新的面貌，与传统的互联网广告相比，大数据时代的互联网广告更倾向于通过锁定特定的人群来进行精准投放。

大数据技术不仅能够根据系统类型、网络类型、设备类型、地域等定向方式开展移动广告的定向投放，同时也可以利用在移动 APP 中设置的标签，来进一步锁定用户群体，从而提高广告推送的精确度。此外，还可以利用行为触发、LBS 触发等提高广告匹配的精准度。

大数据时代的互联网广告更加强调人群的定向，在有了基本的定向技术的基础上，下一步的工作重点就是要对人群进行深层次的剖析，大量的整合、分析数据，包括用户的浏览习惯、消费行为、浏览的记录、对广告的点击数量等，并从中挖掘出有效的信息。在新技术出现之前，大数据技术在互联网广告的发展中将发挥重要的作用。

随着互联网覆盖范围的不断扩大，大数据开始成为一个家喻户晓的概念，依靠大数据技术所锁定的用户群体不仅更加精确，同时也表现出了更加个性化的特征。结合大数据挖掘以及机器学习还可以对用户行为进行预测。

### ◆ 程序化购买可以让更多的人了解你的产品

在 PC 端的一个页面上，或许会出现 10 ~ 20 个广告，而在移动端往往只有一个广告。因此，移动端的广告达到比较精准的匹配就显得异常重要。媒体以及受众逐渐碎片化的趋势，使移动广告开始执行程序化购买，并需要 DSP（Demand-Side Platform，需求方平台）来做支撑。

移动 DSP 数量的爆发式增长，有力推动了国内程序化购买行业的发展和成长。这一行业也受到了越来越多广告主的关注，他们开始纷纷试水移动程序化购买。

在对程序化购买的广告类型进行调查分析的过程中我们发现，在移动广告出现之前，传统的下载类广告在其中占到 2/3 以上，而现在随着移动端的不断普及，移动广告在程序化购买的占比已经赶上了下载类广告。同时程序化购买对移动广告规模化的传播也具有重要的作用。

在移动广告时代，如果没有技术支撑，广告也很难发挥其真正的“广告效应”，未来，大数据等相关技术在移动广告时代将受到更多的追捧。

## ◎ 亚马逊的大数据广告玩法

在广告行业，亚马逊被称为“沉睡的巨人”。专注于为消费者提供优质服务的亚马逊过去似乎对在其平台上投放广告存在一定的抵触心理，对许多的品牌商而言，亚马逊平台中的用户群体数量庞大而且购买力也相对较强，但亚马逊官方对广告业务的态度让他们颇感无奈。

而最近几年，这种情况发生了较大的改变，亚马逊对广告业务的重视程度大幅提升，其拥有的众多优质广告资源开始逐渐被开发出来，急于通过营销提升品牌影响力及产品销量的广告主开始将广告成本向亚马逊平台倾斜。

从目前的发展情况来看，亚马逊可以为客户提供多种广告产品，虽然其中有不少产品是2015年才刚上线，但由于亚马逊拥有的强大用户和数据资源，使它能够更好地发挥大数据在营销中的价值，帮助广告主实现精准投放。具体而言，亚马逊的广告产品主要包括以下六种类型（如图1－15所示）。

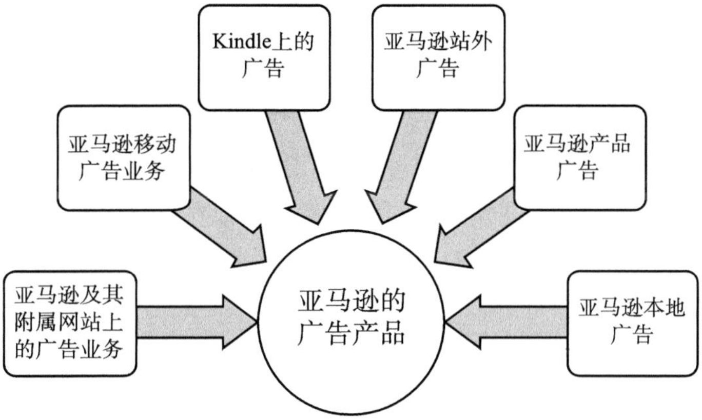


**图1－15　亚马逊的广告产品**

### ◆ 亚马逊及其附属网站上的广告业务

得益于二十多年运营发展所积累的丰富经验，亚马逊根据其沉淀的海量用户数据，向广大用户推送个性化营销信息的技术及能力得到了企业界的一致认可。广告主可以借助亚马逊的这种技术及能力向目标群体精准投放广告，从而在保证用户购物体验的同时，有效提升营销转化率。

亚马逊及其附属网站拥有海量的用户群体，2014 年亚马逊的年活跃用户就已经达到3.7 亿。网站中可以提供广告服务的板块主要有搜索页面、购物车页面及顾客评论页面。当然，商家也可使用嵌入式视频或者发送优惠券的形式对目标群体进行营销。

### ◆ 亚马逊移动广告业务

2012 年底，亚马逊打造了一个移动广告联盟网络，目前该网络可以在搭载 Android、iOS 系统的移动终端中显示广告，并且支持亚马逊推出的平板电脑 Kindle Fire。庞大的用户数据、高效精准的需求分析技术是支撑移动广告联盟网络的两大重要基础，可以在保证营销覆盖率的同时，极大地提升营销转化率。目前使用移动广告联盟网络服务的广告主可以选择 CPM（按千次展示付费）或者 CPC（按点击次数付费）两种付费方式。

2013 年，亚马逊在其开发者平台中向外界开源了移动广告 API（Application Programming Interface，应用程序编程接口），其涉及的应用产品包括在 Google Play 商店及亚马逊 Appstore 中的所有应用，广告内容将来自于亚马逊及其他广告主，投放广告的应用必须已经在亚马逊 Appstore 中上架。

### ◆ Kindle 上的广告

亚马逊在 2011 年就为其推出的移动阅读终端 Kindle 阅读器上线了广告补贴策略。第三代的 Kindle 阅读器售价为 139 美元，而广告补贴的 WiFi 版 Kindle 阅读器售价仅有 114 美元，广告将在待机屏保及书库目录界面显示，并不会影响最为核心的用户体验。2013 年 9 月，亚马逊平板电脑 Kindle Fire 也采用了广告补贴模式。

由市场研究机构发布的数据显示，在亚马逊的移动阅读设备 Kindle 阅读器的屏保中投放广告的品牌商知名度平均提高了 19%，但付出的广告成本却仅有其他广告形式的 20%。

### ◆ 亚马逊站外广告

许多广告主表示，虽然在亚马逊及其附属网站或者移动设备 Kindle 及 Kindle Fire 中投放广告可以取得良好的营销效果，但这不能显示出亚马逊在广告业务方面的创新。亚马逊仍然像绝大多数的媒体一般，与广告主对目标群体及广告形式进行讨论，而且广告投放过程完全由亚马逊网站负责。

而亚马逊广告平台（Amazon Advertising Platform）的出现则打破了这一看法，2012 年亚马逊正式向外界公布了其已经运营将近两年的第三方广告业务——亚马逊广告平台。该业务是通过在第三方网站购买广告位，然后亚马逊根据自身的营销需求制作并投放实时广告。目前，亚马逊投放广告的网站覆盖了美国、德国及英国的数千家网站。

亚马逊广告平台具体操作流程为：由亚马逊平台中的网站出版商或者广告交易机构购买广告位，然后亚马逊根据自身拥有的技术及资源制作实时广告并进行投放。亚马逊后台统计系统的数据表明，仅在第一天，这种在第三方网站上投放广告的目标群体覆盖率，就比只在亚马逊及其附属网站投放广告提升了将近 400%。

### ◆ 亚马逊产品广告

2008 年亚马逊推出了亚马逊产品广告（Amazon Product Ads）服务，但在推出后的将近 3 年时间里，亚马逊并没有对其进行重点推广。直到 2011 年，借着圣诞节期间的营销活动，亚马逊产品广告服务才被广告主所重视，并在后续发展过程中成为许多品牌商们的主流线上营销渠道之一。

亚马逊产品广告使广告主可以借由在亚马逊平台上投放的广告，将目标群体引流到自己的线上交易界面，并完成销售。不同产品品类的营销广告的收费价格存在一定的差异，收费方式将采用按点击次数计费的 CPC 方式。

当消费者在亚马逊平台上点击自己感兴趣的广告主投放的广告时，亚马逊会向消费者推送一个详细介绍该产品的页面，而且其中会附带网站链接，想要购买的消费者可以直接前往第三方网站购买。这不但为亚马逊带来了客观的广告收入，还有效提升了亚马逊的产品品类。

### ◆ 亚马逊本地广告

亚马逊本地广告（Amazon Local）是一款针对本地市场的团购广告服务，该服务于 2011 年 6 月正式上线，并与亚马逊平台实现了无缝对接，它以电子邮件的形式每天向本地市场的目标群体发送推广信息。广告主将根据营销推送带来的实际交易额向亚马逊平台付费。

# 第 2 章　原生广告：广告即内容，内容即广告

## 2.1　原生广告：下一场营销革命

### ◎ 原生广告的崛起

近几年，原生广告（native advertising）逐渐成为营销领域中客户的新宠，虽然目前这种营销方式还未在我国大面积兴起，但它在今后的发展中很有可能会颠覆整个营销行业。

究竟什么是原生广告呢？原生广告是广告营销方式的一种，它把商品信息植入到页面设计中，作为其内容组成的一部分；借助某个平台实现自己的目标，就像用户使用该平台那样；将与呈现给观众的内容具有关联性的信息植入其中，是一种能够增强用户体验效果的广告模式。

不过，原生广告这个提法虽然新颖，其本质上也是对已存在的理论进行了新包装，形式与“软文广告”类似。原生广告主要有两方面特征（如图 2－1 所示）：

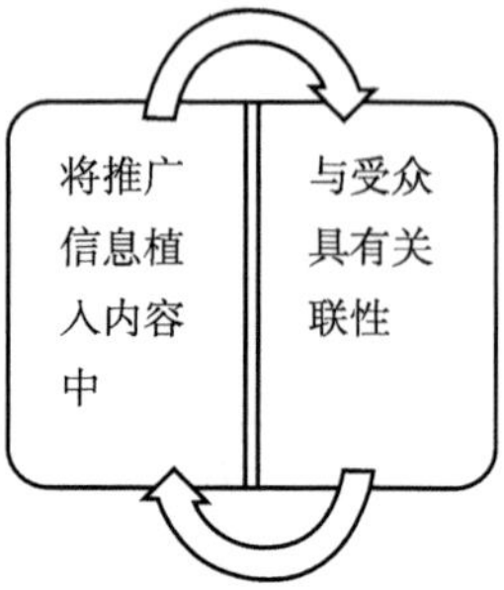


图 2-1　原生广告的两大特征

★ 特征一：将推广信息植入内容中。

★ 特征二：与受众具有关联性。致力于在满足营销主体需求的同时能够为用户提供全面的体验，并推动媒体的商业化发展。

其实，在实际应用中，原生广告在不同的媒体和不同的应用主体上发挥着不同的作用。比如在 Facebook 中，Sponsored stories 是原生广告的典型应用；在 Buzzfeed 里，branded content 是它的代表；而在 Twitter 中，promoted tweets 是它的典型应用。有些媒体将原生广告用在公关上，一些产品经营商则用它来提高产品销量。下面我们就来分析一下原生广告的相关问题。

### ◆ 传统互联网广告的三大弊端

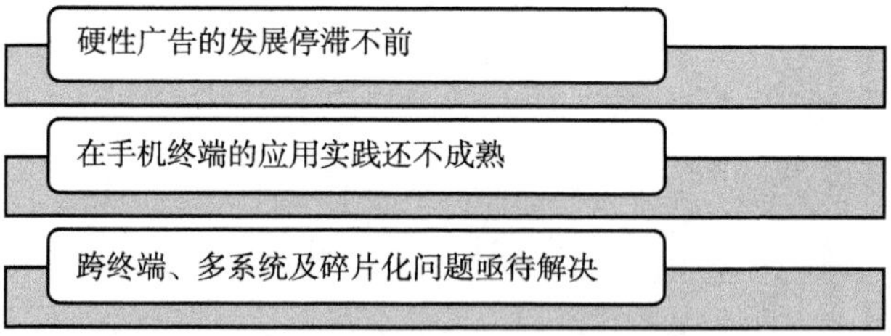


图 2-2　传统互联网广告的三大弊端

1）互联网硬性广告的发展停滞不前

互联网的发展速度越来越快，从习惯于传统购物方式迁移到互联网购物平台的消费者不断增加，广告商也意识到了互联网的重要性，纷纷转战互联网领域。

很多宣传方式，包括 banner、视频广告、贴片广告比传统的广告形式影响范围更大、针对性更强、互动性大大提高、要求的严苛性降低、统计信息更加科学等。这些都加速了互联网广告的发展，据专业统计部门显示，到 2011 年，我国的互联网广告收入已经高于报纸。

然而，互联网广告的发展也出现了问题，有些人只看到实时竞价等技术提高了广告的利用率，却忽视了他们一直在沿用比较传统的宣传方式，广告理念也比较守旧。虽然互联网广告一直致力于提高针对性和与受众的交流，但效果并不是很明显，媒体的营销理念也缺乏创新性。

另外，很多受众已经反感硬性广告，但是广告位还在持续增加，这让很多受众忍无可忍，也使很多营销主体达不到预想的营销效果。而且，广告公司受到营销框架的限制，不能充分发挥自己的创造力。可以说，营销领域应该从整体上进行创新。

2）互联网广告在手机终端的应用实践还不成熟

移动互联网产业随着互联网的普及不断向前发展，却因为手机的显示屏不大、呈现出的画面内容不多、用户通常会无视手机广告等不足之处，使得多数营销主体没有意识到移动互联网广告的重要性，他们都不想做“第一个吃螃蟹的人”。另外，电脑终端的流量转移到了手机终端，但这些流量并未得到充分的利用，也就是说广告营销没有将其转换成实际的营销效果。

那些想通过出售 banner 来增加收益的商家发现，投放在手机终端的广告在很大程度上是浪费电脑终端流量。所以应该进一步思索怎样才能充分利用移动互联网的流量资源，使手机广告营销产生巨大的影响。

3）跨终端、多系统及碎片化问题亟待解决

当下，已经有智能手机、iPad、电脑作为互联网主要应用终端，三者呈现出三足鼎立之势，都拥有自己的支持用户和流量基础，而操作系统也呈现多元化，包括 Android 系统、iOS 系统、windows 系统等，需要找到一个恰当的方式来整合不同平台上的资源。

### ◆ 原声广告崛起：颠覆传统互联网广告模式

原生广告的优势主要表现在以下三个方面（如图2－3所示）：

| 原生广告 | | |
|---|---|---|
| 能够提高针对性 | 使移动互联网的营销效果大幅提高 | 适应跨终端、多系统和碎片化的媒介环境 |

**图2－3　原生广告的主要优势**

1）原生广告能够提高针对性

原生广告能够增强与用户的交流，发挥营销的作用，使得广告公司的创新性得到发挥，并且利用大数据分析技术，依靠内容而不是流量来达到营销效果。

社交网络或媒体在长期的发展过程中积累了很多的支持用户和数据基础，但事实情况是他们的资源没有被充分应用到营销上，而原生广告能够增强用户的体验，而且可以提高数据基础的利用率，以此来吸引用户的注意，最终达到营销目的，使媒体向商业化方向发展并充分发挥广告公司的创新能力。

2）原生广告能够使移动互联网的营销效果大幅提高

以前的互联网广告形式是以电脑终端为应用主体的，不受屏幕大小和展示空间的限制，而手机终端的屏幕较小，空间也很有限，同时多数用户会忽略掉手机上的广告，所以在手机终端投放传统的 banner 广告并不能达到营销目的。

如果换成原生广告，就不会受到这方面限制，因为原生广告中最重要的是创新性和内容关联性。这或许能够从一定程度上推动移动互联网的发展。

3）原生广告能够适应跨终端、多系统和碎片化的媒介环境

多数媒体同时在智能手机、iPad、电脑终端上发布信息，不同终端的操作系统也不尽相同，有 Android 系统、iOS 系统、Windows 系统等，而不同终端、不同系统在屏幕大小、内容组织结构上都有自己的特点，如果还是用传统广告，就需要根据其投放平台的特征来设计广告内容和形式，这样就会使成本消耗居高不下，最终减少收益。

从营销主体的角度来看，媒介环境碎片化，会消耗大量的投入，很可能达不到预期的营销目标。从用户的角度来看，不同平台上的广告形式杂乱无章，会降低用户的体验效果。而原生广告能够适应这样的媒介环境，可以避免投放传统广告出现的各种问题。

## ◎ 原生广告的三大属性

“原生广告”一词最近在社会化营销中出现得越来越频繁，日渐成为营销发展的一种趋势，其数字化的基因使其在当前数字媒体的大环境中获得了相当大的支撑，成为社交媒体实现商业价值的重点方向之一。

到底什么是原生广告呢？事实上，原生广告的本质是内容（如图 2－4 所示），但确切来说尚未得到一个明确的定义。2012 年，“原生广告”一词被提出，2013 年在全球媒体中爆红。

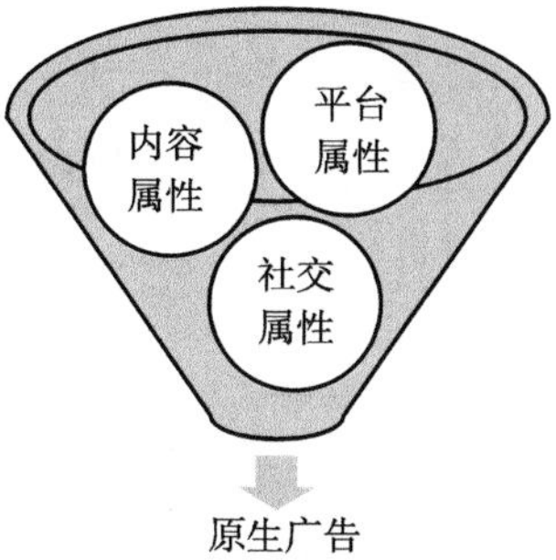


图 2－4　原生广告的三大属性

◆ 平台属性

原生广告的英文名称为 Native Advertising。其中，native 这个词意为“本国的，土著的，天生的，自然的”。例如 Native Speaker，即生于哪个国家的人，天生也就讲哪个国家的语言。那么原生广告即以其诞生平台为“本土”，也就是说每个平台都可以开发自己的原生广告。

原生广告的本质是内容，那么当内容以平台的版本为外衣推出的时候，这就是该平台的原生广告。例如在 Twitter 里面，这是一条 twitter；在 Buzzfeed 里，它是一则报道；那么在 Facebook 里，它就成了一条状态。实质都是内容，只是冠以了不同平台的表现形式。

原生广告与平台之间实际上是相互依存的关系。上面说过原生广告有数字基因，所以对数据的挖掘和分析显得尤为重要。原生广告发挥作用的最佳状态就是利用平台自身所积淀的客户流量来勾画出用户形象，从而能有针对性地进行准确推送。也正是这种针对性使得原生广告很难被批量复制，因为每个用户眼中的原生广告都是不一样的。

◆ 内容属性

内容是原生广告的本质，也是原生广告在营销过程中需要特别注意的难点。是否能够为平台的用户量身定做具有创新意义的优质内容是其营销成败的关键之一，它要通过内容来传递品牌信息，表达品牌情感，以期待能与用户产生共鸣。在这一过程中内容的推送不可干扰用户在平台中的正常活动，而是要给用户带来具有价值意义的体验。

◆ 社交属性

因为原生广告具有平台属性和内容属性，所以才具备了社交属性。用户群体可以在平台中与内容产生各种形式的互动，在互动中完成信息的传播。而且这种传播并不会限于某个个体。比如微信的一个用户觉得广告信息有趣转到了自己的朋友圈中，那么其信息下面就可能会出现各种来源于朋友的评论。

## ◎ 原生广告的主要特点

原生广告比较受用户欢迎的一个原因在于其作为广告和非广告之间的区别比其他广告形式要小得多，这使得用户在阅读的过程中排斥性低、娱乐性大，所以交互效果更好。这种营销形式更加柔软，能够让用户在不知不觉中了解品牌信息，这样广告主能达到品质与效果兼得的营销目的。

如今是一个互联网信息爆炸的时代，而且信息成碎片化存在和传播，原生广告的出现，无疑为移动互联网营销提供了最恰当的方式。那么接下来，我们就从原生广告的三大特点来分析其所具有的互联网属性（如图2－5所示）。

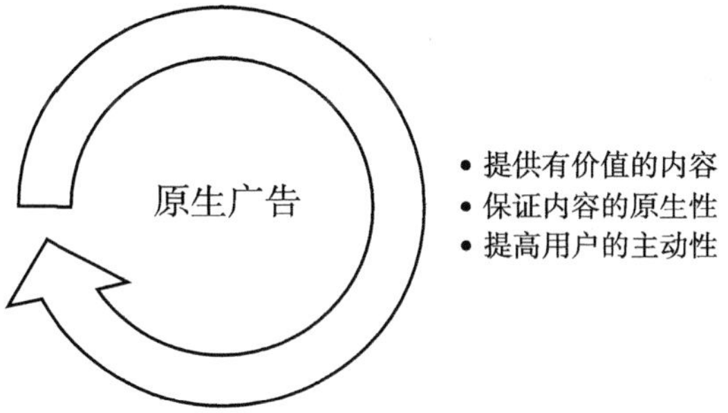


**图2－5 原生广告的三大特点**

### ◆ 提供有价值的内容

什么是有价值的内容？简单地说，原生广告传播的不仅仅是与企业有关的广告信息，还是对用户有帮助作用的内容，满足其一定的生活形态和生活形式。

尤其是在移动互联网时代，用户通过交互的方式从移动设备上获取信息，所以把广告放置于所要获取的信息之中或信息的前端，更加能够吸引用户的关注。当然，这类广告最好是与其他设备上的广告一脉相连，能够针对用户的兴趣建构起完整的信息链。

### ◆ 保证内容的原生性

所谓保证内容的原生性其实也就是强调广告内容要融入媒体环境。也就是说，媒体要与消费者从交流的角度出发来进行沟通，无论是视听感受还是沟通语境，都要做到地位平等的交流，而非广告主以宣传的口吻向消费者传递信息。广告主要转变自己的角色定位，用媒体的口吻与消费者交流。因为在移动互联网的时代，每个人都可以形成一个自媒体来推动信息更广泛的传播。

图 2－6　天才小熊猫的微博①

---

① 天才小熊猫：知名微博段子手，擅长将广告内容融入创意文案当中，在 2015 年中国网红排行榜中排名第三。

举例来说，在微博上，原生广告的形态就是一条微博（如图2－6所示）。用户在接触微博的过程中实际上是在接触媒介内容，那么原生广告以媒介内容的身份出现，植入到用户感兴趣的内容当中，这种广告植入的行为是友好的，经过实践证明也是最能够降低用户对广告信息抵触的方式，从而降低广告信息跳出率，提高转化率，久而久之就逐渐成为一种大众喜闻乐见的传播方式。

### ◆ 提高用户的主动性

传播的概念历来可以从接受和传播形式上被分为两类，一类是主动，另一类是被动。原生用户更加强调用户的主动性，尊重用户的习惯以及兴趣，力求引导用户主动加入，乐于分享，而绝不把某种价值观或者具有商业属性的意图强加给用户。也就是说，在内容传播过程中，无论怎样传播和凭借什么样的载体传播，都不能对用户的传播体验造成干预。

所以，在内容传播过程中一定要尽量接近用户的生活圈，比如楼宇传播广告。这样接地气的传播方式会很容易引发用户的兴趣，从而使用户主动参与进来。

如今互联网发展日新月异，新技术和新终端不断出现，而营销入口逐渐向个人账号和移动终端靠拢，信息碎片化愈加明显，用户自主化成为信息交互的主流，营销环境在不断地适应着新的境况而发生变化。要想在这风云变幻的大环境中保持优势，企业就必须要为自己注入互联网思维，充分且有效地利用原生广告。

## ◎ 原生广告的四大流派

“原生广告”已经成为营销领域中的热门词汇，只要是与该行业有关联的活动，都会出现它的身影，由于营销领域在发展过程中出现了一些问题，而原生广告恰好能够促进这些问题的解决，因此越来越多的专业人士及企业管理者都意识到了它的重要性。

到 2015 年，我国已经有部分企业根据自身的发展境况，把原生广告应用到了营销过程中。具体来说，原生广告根据其实践中显示出的特性可以分为四个流派（如图 2－7 所示）。

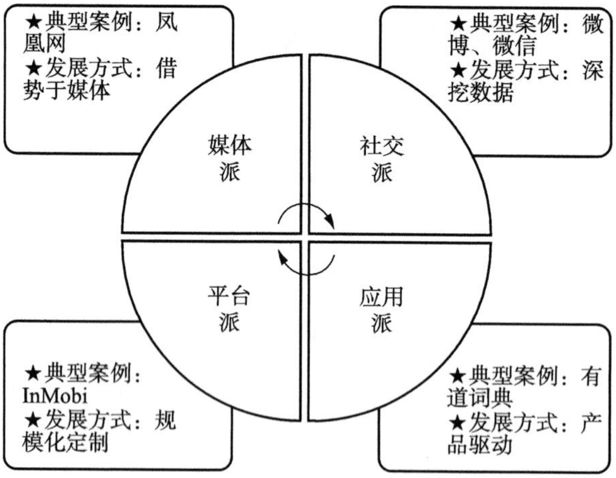


**图 2－7　原生广告的四大流派**

## ◆ 媒体派

★ 典型案例：凤凰网

★ 发展方式：借势于媒体

通过媒体将内容呈现给用户，而媒体足以凭借自己的能力制作出高品质的产品并进行传播，所以实践原生广告就是以内容为基础并找到适合媒体特征的方式，典型案例是凤凰网。该网站将原生营销归结为五个发展趋势：事件化、人文化、新闻化、全媒体化、娱乐化。

这在媒体的实践方式中属于比较普遍的，他们把广告信息融入人们广泛传播的新闻事件中，用娱乐化或人文化的方式加以包装再提供给用户。我们可以把其实践过程分为几个阶段：寻找理念、邀请公众人物、对内容包装、提供给受众（如图2－8所示）。

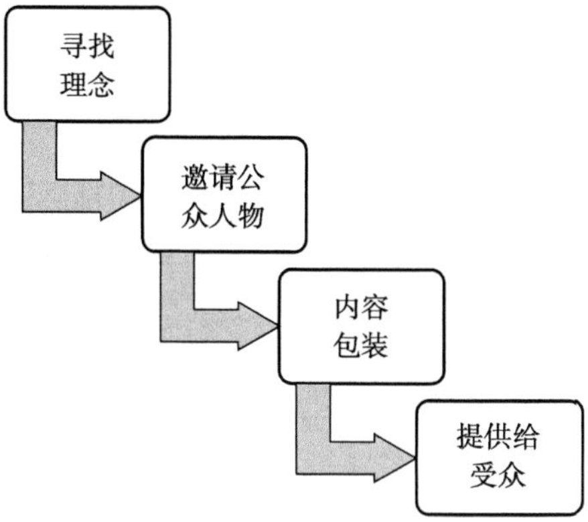


**图2－8 媒体派实践过程的四个阶段**

举个具体的例子，凤凰网在2014年联手尼雅红酒推出“不做赶路人”活动，因为尼雅红酒提倡的是品味生活，而当下人们迫于经济压力都在“赶路”，因此就提出了这个理念。之后请时下受人们追捧的明星，在这个概念的基础上向外延伸为一系列能够打动人心的故事，并扩大传播范围，提高影响力。

这种形式的原生广告需要凭借媒体在营销方面的影响力（也就是造势能力），如果做得好，就能在媒体的带动下抵达更多的用户。在这个过程中，关键的环节是寻找理念，在此基础上才能够实现营销主体的目标并得到用户的支持，当然，也要重视其他几个环节，若是有一个环节出现短板，就无法像原本规划的那样“让原生营销走进生活”。

### ◆ 社交派

★ 典型案例：微博、微信

★ 发展方式：深挖数据

不少专业人士认为微博的发展空间已经不大，因为微信的迅速发展对它造成了巨大的冲击，很多微博用户将注意力转移到微信上，但在我看来，微博只是向着稳定的趋势发展，并不会江河日下。

微博平台拥有雄厚的用户基础，并掌握了用户的相关信息，包括其偏好、所处的位置及相关特征，这都为微博平台发展原生广告做好了铺垫。微博平台将信息流广告投入使用时，多数用户持反对态度。如今，绝大多数用户已不再排斥这种做法，原因是在信息流中插入广告已经成为常态，而且微博平台在其掌握的信息基础上改良了传统的广告形式，使用户对宣传内容渐渐产生兴趣，提升了用户体验。假如微博平台能够增加用户的依赖性，原生广告在该平台会有更好的发展前景，也能够在此基础上提高广告内容的针对性。

微信的发展确实给微博平台带来巨大的竞争压力，微信平台投入广告后，吸引了大量的用户去关注，用户反响热烈，纷纷到广告界面进行互动，这几乎成了一种流行风尚，微信平台也通过这种方式提高了收益。

用户对其青睐有加的一个重要原因是这种宣传方式比较新颖，另外，广告内容具有原生性，不会让用户产生排斥心理，显示出微信平台在广告品质方面的保证。除此之外，微信平台广告还可以在深挖数据的基础上获得进一步的发展。

### ◆ 应用派

★ 典型案例：有道词典

★ 发展方式：产品驱动

移动互联网的发展带动了多个行业的变革，商品发展越来越注重用户的日常需求并趋向于不断地垂直和细分。如今，智能手机终端的功能应用更加多样化，一部分应用来自于电脑端，还有一些是专门针对手机终端开发的应用。

垂直应用领域的产品与综合类网站和社交网站不同，它明确并掌握了用户的刚性需求，在发展过程中突显自己的特色，增强用户的依赖性，同时这种产品特性也能够带动原生广告的发展。

相较于媒体化的内容，垂直应用中投放的原生广告具有鲜明的产品化特征。比如有道词典（如图 2－9 所示），用户使用它就是为了学习外语，而该平台所呈现的原生广告与用户的此项需求息息相关，其具体的呈现形式包括“双语例句”“每日一句”等，原生广告中既包含单词、例句，也有文章内容和图片，这样能使营销主体宣传推广的内容恰好能够满足用户的学习需求。

图 2－9　有道词典界面

比如说其中的双语例句，用户查询双语例句的目的是明确某个词汇在什么情景下可以使用，而营销主体的目的是进行自家产品信息的宣传，将其推广内容融入双语例句当中，用户就能够在学习句子时看到其产品或品牌信息，也满足了营销主体的需求。

在设计这种原生广告时，要将重点放在产品特性上，用产品去驱动广告，根据客户需求量身定制，使宣传信息能够对准有需求的用户。

### ◆ 平台派

★ 典型案例：InMobi

★ 发展方式：规模化定制

原生广告想要向规模化和平台化的方向发展恐怕不易，原因在于这种营销方式要求融入用户的需求，要根据客户的不同需求进行相应的调整，这就意味着制作出的产品缺乏标准性，这也在很大程度上阻碍了原生广告的平台化和规模化。

平台化的原生广告能够扩大其应用规模，相对于单一用户产品，综合性的营销平台上包含的产品具有多元化的特征，无法体现原生广告的独特性。不过如果能将商品信息与当下的社会环境相结合，根据掌握的用户信息提高广告的针对性，也可以接近原生广告的特性。

例如，InMobi公司曾于2014年在我国开拓其广告市场，为此消耗了很大的成本投入，但是其实践情况并没有达到预期效果，虽然该公司在2013年进行了大力的推广，但仍然没有多少客户去关注他们。

InMobi公司是一个例子，除此之外，Avazu、YeahMobi也是原生广告平台的典型代表，然而这两家都不是以国内市场为开拓中心，因为我国绝大多数的营销主体对国内的原生广告平台不是很看好。

鉴于这种情况，我们应该整合有道词典应用原生广告过程中掌握的方法和技巧，并汲取有道智选DSP广告平台长期发展中的经验，推动我国原生广告平台的发展。在此基础上，推动原生广告在各种垂直领域中的投放，并在实践中不断积累经验，跟上海外国家的步伐。原生广告要经历一个漫长的发展时期才能过渡到平台化阶段，但其前景广阔，应当抓住时机。

### ◆ 原生广告，将营销带往“差异化整合营销”时代

实际上，绝大多数业内人士已经对原生广告不再陌生，只是在具体的实践中，还很难做到同时满足营销主体、用户和媒体平台的需求。当下需要解决的问题是怎样使广告公司和营销主体意识到原生广告的重要性并支持其应用。

在进行原生广告应用推广的时候，确实有一些广告主故步自封，不愿意尝试新的营销方式，但是多数顾客在认识到原生广告的重要性和良好的发展前景后都对它表示认同。总体来说，原生广告会对传统广告模式进行变革，并根据媒体平台的特征来调整广告的形式和结构组成，彻底打破了之前在营销方面设定的标准性限制。

移动互联网的发展带动了多个领域的变革，原生广告的应用会使营销行业向差异化整合方向发展，即广告公司会将营销主体的推广信息与用户需求结合起来，并根据平台特性来制作产品，如此看来，原生广告有望会成为营销行业的领先模式。

## 2.2 原生广告的本质：内容营销

### ◎ 广告与内容的完美结合

移动互联网时代，人们接受信息的途径越来越多样化，媒介的传播产生了变异，互联网营销似乎遇到了不小的挑战。此时，原生广告应运而生，为移动互联网营销带来了新的活力。

#### ◆ 原生广告的三个要素

对原生广告进行剖析解读的话，会发现其具备着最为核心的三个要素。

1）融入媒体环境

这一要素的意思是企业需要转换角色，调整思维，不能再以广告主的身份与受众对话，而是要借助媒体的角色去与受众进行沟通交流。更何况，如今移动终端的普及使得人人都可以是媒体，每个人都能进行传播。

那么，企业就可以将产品或服务与受众当下的关注点融为一体，使之能够在不知不觉间将信息传播出去。

2）用户自主选择

其实，传播无非就是主动与被动两个角度，相较于受众对传统广告的被动接受，原生广告则强调受众的主动选择。也就是说，不管受众的兴趣和价值观是怎样的，都不能去强加改变受众；不管传播的载体是什么，都不能干扰受众的体验。

所以，只有将内容与形式、线上与线下结合在一起，才能取得良好的品牌营销效果。

3）提供有价值的内容

这一点尤为关键，因为受众需要不是简单的信息，而是对自己有帮助、有价值的内容，能够满足自己生活形态和生活方式的内容。

### ◆ 广告与内容的完美结合

在传统的网络营销中，广告主与媒体仿佛一直在进行着一场拉锯战，前者希望自己的广告能够无限地扩大化，而后者则担心其影响到受众的体验。实际上，这两者之间并不是绝对对立的，因为媒体针对的信息受众与广告主针对的产品受众，从本质上来说是同一人群，所以他们的目标其实是一致的，都是为这个群体服务。而使这两者得到统一的途径也已出现，那就是原生广告。

将广告与内容融为一体的原生广告，以其固有的本质完美地解决了这一问题，并凭借其天然的优势掀起了一场新的营销革命。细究起来，其优势有以下三点（如图2－10所示）。

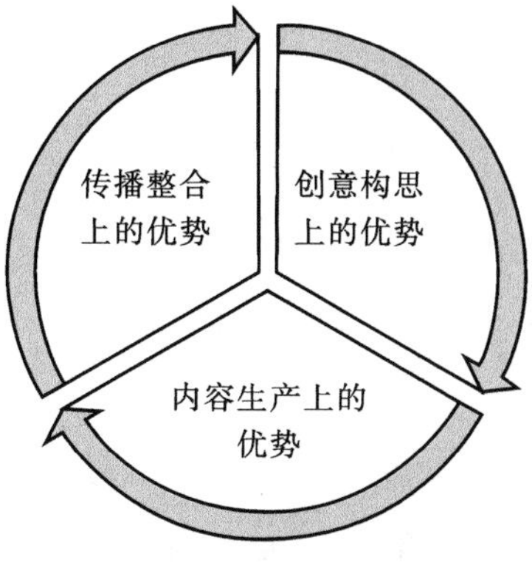


**图2－10　原生广告具有的三个优势**

1）创意构思上的优势

叱咤营销市场多年的以产品为导向的营销思路随着时代的进步而日益没落，风起云涌的营销江湖已经开始注重人文精神与情感共鸣，营销策略向“以人为本”转变，品牌不再处于看得见摸不着的状态，而是融入了消费者的生活之中，使消费者能够切切实实地感受到品牌所蕴含的精神与情感，继而产生共鸣。所以，在构思创意时，焦点由产品转向了人性与普世价值。

2）内容生产上的优势

既然原生广告注重用户体验，那么粗制滥造的内容就绝不应再出现在网络媒体上。只有追求内容的品质，才能保障用户的体验。

3）传播整合上的优势

移动互联网时代，企业也好、个人也罢，都有着自己的自媒体平台，人人都可以成为传播者，虽然如今传播的门槛低了，但要求却没有降低，这就更依赖媒体的分发能力了。

尽管如今原生广告已成大势所趋，但并不代表着它可以就此所向披靡，当下在面前的头号敌人就是成本的大量投入，无法达到快速化、规模化。

凤凰网作为新型综合门户网站，一向走在行业的尖端，在营销领域风云变幻之际，敏锐地察觉到了网络广告的发展趋势，开始着力于探索原生广告，重新描绘门户营销的蓝图。通过近几年的探索实践，凤凰网已然在此方面取得了一系列的成就。比如在与伊利合作进行传播时，凤凰网并未如以往一般将主角锁定为牛奶，而是选定了牛仔，以新闻故事的形式来展示牧场场主一天的生活，从受众的浏览量来看，效果是十分好的。

同样是在2012年，凤凰网推出了“凤凰影响”，旨在为受众提供有趣味、有价值的信息内容，提升广告主的品牌形象，充分展示其媒体影响力。而其自主开发的相关系统，实现了目标受众与传播内容及营销效果的科学匹配。

对于媒体来说，影响力永远是其核心竞争力所在，而实现其价值的因素除了内容和品牌外，就是用户了。因此，大众媒体必须转换思维，将营销方向定位于“以人为中心”，这样才能在保障用户体验的基础上向用户传达企业的品牌服务，使受众产生心灵上的共鸣，如此一来，广告主才能获得最大化的营销价值。

## ◎ 内容营销的最高形态

随着信息技术的不断发展，互联网早以迅雷不及掩耳之势席卷了人们的生活，潜移默化地扼住了诸多行业的喉咙。就是在这样的发展势头下，互联网作为传播媒介，其影响力甚至已经不亚于电视。近年来，各大企业都开始将宣传阵地转移到网络上面，所以随着企业对广告展示效果要求的提高，互联网在此方面面临着越来越大的挑战。

此时，那些将互联网视为主要宣传阵地的广告主以及媒体就需要找到应战的武器，而内容营销就是这样的一个武器。所谓内容营销，指的是以印刷品、数字、图片、文字、动画或活动为介质来向市场和目标受众提供有效信息，而非简单的推销广告。在进行着内容营销的探索过程中，一种比较前卫的概念——“原生广告”浮出了水面。

目前，业界普遍认为，原生广告就是付费投放于单独平台，并适合此平台的浏览环境的广告，简言之，就是广告已经成为平台内容的一部分。在传统的内容营销的概念里，冠名、植入、定制犹如李逵的三板斧，是最为常见的形态（如图 2－11 所示）。而随着新概念的加入，固有的这些形态也随之有了一定的提升，成为升级加强版的三板斧。

**图 2－11　内容营销的三种常见形式**

### ◆ 冠名

冠名，顾名思义就是冠之以名，指的是企业以自己的商标或品牌为节目、活动、会议等形式命名的一种宣传方式。

近年来比较火爆的综艺节目里，到处可见商家的冠名，《我是歌手》中的立白、《欢乐喜剧人》中的红牛、《极限挑战》中的天猫、《爸爸去哪儿》中的伊利、《奔跑吧兄弟》中的安慕希等。一般来说，冠名有着多种形式，比如片头标版、主持人口播等，目的就是通过这些节目的放送来得到大范围、多频次地曝光，进而扩大企业知名度、提升品牌形象。

2012 年 7 月，一档大型音乐真人秀节目《中国好声音》横空出世，随即引爆了之后的每一个夏天。伴随着节目走红的除了各位极具特色的选手之外，还有“中国好舌头”华少，他那一段堪称逆天的快速精炼的口播“正宗好凉茶正宗好声音欢迎收看由凉茶领导品牌加多宝为您冠名的加多宝凉茶，中国好声音喝启力添动力娃哈哈启力精神保健品为中国好声音加油”不仅将他送上了春晚的舞台，还将加多宝以及娃哈哈启力两个品牌的知名度推上了一个新的台阶，并刷新了消费者对冠名商的认知。

原生广告介入之后，冠名又焕发了新的生机，不再局限于以往那种直白的方式来增加关注度，而是将品牌或商标与投放的媒体环境融为一体，出现的方式不再显得突兀而是顺理成章，受众也可以通过对感兴趣内容的浏览来增加对品牌的认知，进而形成共鸣。

在我国，总有一部分话题能引起举国上下的关注，钓鱼岛问题就是其中的典型。钓鱼岛局势但凡有个风吹草动，各大网站都会对其进行专题报道，凤凰网就曾做了“钓鱼岛争端”的专题。

荣威汽车就紧紧地抓住了这一时机，将自己的平面广告融入了政治的大背景下，将民族情感诉诸广告语中。随着事态的变化、专题内容的深化，其创意广告也随之更新着，如此一来，荣威广告量借由专题阅读量一路攀升，而其蕴含着民族情感的广告语更是得到了广大用户的认同，其品牌形象得到了大幅提升。

### ◆ 植入

植入，即植入式广告，是一种软广告，就是将商家的产品或服务融入影视、游戏等各种类型的作品中，潜移默化地加深受众的印象。比之那些易被人抵触的硬性推销来说，植入广告效果要好得多。目前，使用植入方式比较广泛的产品有快消产品、汽车、金融产品等。

如今的植入广告无论是在综艺节目中，还是影视剧中都能看到。比如风靡一时的青春喜剧《爱情公寓》中，主人公们在酒吧里聊天，柜面上放的都是百加得冰锐系列和朗姆预调酒；而徐静蕾导演的《杜拉拉升职记》简直可以称得上是品牌广告大集合，衣食住行几乎都有涉及，卡地亚、屈臣氏、联想、诺基亚、智联招聘、立顿红茶等；前段时间大火的《欢乐喜剧人》中喜剧人在上台之前会喝一口红牛……这都是比较典型的植入方式。

然而，随着植入广告的泛滥，这种略显生硬的方式已经无法蒙蔽人民群众雪亮的双眼了，于是植入与原生广告碰撞出了更新也更复杂的方式，与之前仅简单地作为背景或道具不同，而是要将广告与整个剧情融为一体，使之成为不可分割的一部分。

这一点《变形金刚》做的尤为出色，备受影迷喜爱的擎天柱、大黄蜂等角色都与汽车品牌有着密不可分的联系，前者的原型是彼得比尔特卡车，后者的原型则是雪佛兰。

凤凰视频著名的谈话类节目《锵锵80后》就经常使用这种形态与商

家进行合作，取得了非常好的效果。

《锵锵80后》曾用了两期的节目时间来关注80后如今的社会角色所面临的困境，并以一名司机遭遇祸事却因没有保障而得不到任何赔偿的故事为例，将社会的目光聚焦到了新生代家庭保障的问题上，并适时地将解决保障的方式引入进来，顺理成章地介绍了友邦保险的保险产品——全家优保计划。

### ◆ 定制

提及定制，大家可能就会想到冯小刚的电影《私人定制》，就是将一项服务定制化，应用到广告营销领域里，即针对广告主的需求来制定相应的内容。

在此方面，比较传统的形式有新产品发布、活动报道等，使用的方式也多种多样，有图文、音频、视频等。这样的形态虽然更能迎合广告主的需求，又借助了媒体的整合能力与传播力量，但是在如今多元化的时代里，想要凭借如此传统的方式获得关注已越来越难，所能获得的关注越来越少。

原生广告出现之后，定制也重新找到了方向，定制较之以往更为注重内容，力求以更具趣味性的内容提供更具价值的服务。许多自制剧的播出就是对这一点的探索，比如说2012年首部微博主题的电视剧《微博达人》，就是广告主整合了自身的资源，使之与产品信息相融合，并与影视制作公司合作生产出相关的作品，然后牵手媒体共同进行传播。

当然，此形态的定制并非都具有足够的价值，广告主和媒体只有摸准了目标受众的脉搏，才能够提供极具趣味和价值的内容。

2012年，纪录片《舌尖上的中国》一经播出就引起了巨大的反响，并一度拉动了同类纪录片的收视率。同时也吸引了诸多广告主的视线，将之视为一种定制形态的新探索。一汽集团就做到了这一点，在中国汽车自主工业 55 周年时联合凤凰网推出了微纪录片《车轮上的记忆》，通过全媒体的整合传播取得了优异的成绩。

对于内容营销来说，取得良好的营销效果是重中之重，而作为其营销形态的原生广告自然也不例外，优秀成功的案例无一不是打造出了品质与成绩兼具的效果。

近年来的数据显示，那些较为传统的广告展示已经越来越不适应这个不断变化的社会，而与之相反的则是原生广告形态的骄人成绩。相关实验证明，同样是视频广告，原生广告带来的品牌提升度是其他传统形式广告的几十倍。

## ◎ 传统媒体的自我救赎

由点击率主导的广告时代已经成为过去，能够得到消费者的关注并让消费者感到信任，才是广告良好传播效果的具体体现。领先全球的市场研究公司 AC 尼尔森发布的数据显示：85% 的消费者会倾向于通过第三方的推荐来查找商品，而经过第三方找到的商品，购买率会上升 15%，这一数字是 Amazon 的大众商品评论以及网站广告宣传效果的两倍左右。

这种形势下的营销趋势使传统商家的“广而告之”显得与之有些格格不入，广告的内容要求甚至要和出版商以及新闻媒体进行合作才能俘获消费者的“芳心”，原生广告的特点正完美契合了这一发展形势。

当前的传统媒体正面临着诸多困境，报纸杂志发行量严重下滑、广告收入大幅缩水，原生广告的兴起或许能让传统媒体获得新的发展机遇。那么，原生广告的这种内容与广告融为一体的形式，如何扛起拯救传统媒体转型升级的大旗？

### ◆ 内容：少提产品，多分享观点

较为成功的原生广告先驱者当属福布斯网站，2010 年其在网站上开创了一个可供用户发布内容的栏目——品牌声音（Brand Voice），该栏目主要的用户为企业的营销者，这些营销者通过付费获得栏目的原生内容编辑权限从而发布文章，文章的形式和网站的常规文章保持一致，但是往往这些文章中都有特定的品牌标识和作者的署名。

福布斯网站的 CPO 刘易斯·德沃金（Lewis D Vorkin）认为，这些企业营销者要完成的事情很简单，他们用企业管理者的身份去讲述一个动听有趣的故事，在这故事中的品牌几乎可以不加修饰，将其和有价值的观点结合来表现出来。

而福布斯网站的这一栏目推出后，网站的分享率、浏览量、用户评论大大增加，而且这种原生广告的收入甚至已经占到了整个广告收入的 50% 以上。

福布斯原生广告的模式得到了许多网站的效仿，纽约时报直接将品牌推广的页面改为了“付费页面”（Paid Post），并将原生广告营销作为这一版块的核心。

和福布斯网站的不同点在于，纽约时报用自身的编辑以及签约作者为第一位广告主戴尔定制了一篇原创文章，文章的风格和记者的报道类似，通过描写戴尔公司的市场部与 IT 部门之间的项目协作将戴尔品牌完美呈现了出来。

### ◆ 形式：优于横幅广告和弹窗广告

消费者在浏览网页时，最厌烦的当属层出不穷的横幅广告与弹窗广告。而原生广告的内容可以更好地与网站融合并且具有较高的可信度，这不仅优化了用户体验，其在形式上也发生了重大的改变。

福布斯网站上的原生广告栏目采用的是和常规文章相同的系统，

只是在品牌标识上稍加区别，阅读者阅读这些文章时会感觉非常自然舒适。

纽约时报在这个问题上显示了其专业、严谨的一贯作风，它在原生广告模块的透明度、色彩以及字体上和常规的文章进行了区别，消费者一看就能知道这是有别于常规文章的广告，而且纽约时报的官方社交网络账号也不会对这些原生广告内容进行传播与分享，阅读者阅读完文章后也不能发表自己的评论。

### ◆ 变革：由 PC 端向移动端转移

移动互联网时代，移动网民数量不断增加，而且消费者对于移动终端内容的质量需求丝毫不逊于 PC 端，甚至要求更高。在移动端，广告的植入形式可以与社交媒体等有所区别，但就广告的内容制作来说显然传统媒体更具优势。原生广告进军移动端是当下传统媒体突围之路的一种新的尝试，与其被动等死不如奋力一搏。

目前国内传统媒体的原生广告之路发展得还较为缓慢，一些新闻类的移动 APP 软件，比如“今日头条”（如图 2－12 所示）中一些热点新闻中会出现一些推荐的帖子（大多为汽车、美食广告），这和原生广告的植入形式有一定的相似之处。但是，这些帖子的内容和国外的福布斯与纽约时报等相比，还存在较大的差距。

## ◎ 用户主动参与的原生广告

UGA（User Generated Advertising），也就是用户自生的原生广告，一个典型的例子就是 Facebook 的“Sponsored Stories”。

Sponsored Stories 所采取的广告形式就是允许广告主可以在用户的信息流中投放广告信息，把用户与其朋友的轨迹联系起来。比如告诉用户你的哪位好友在什么时候关注了企业的信息，或者说你的哪位好友在何时分享了一篇相关产品的文章。

**图 2－12 今日头条 APP**

但是，不久后 Facebook 就取消了这种广告形式，原因在于这种探索好友信息的方式有侵犯隐私的嫌疑。一个用户其好友进行社交行为时产生的内容应当出现在用户 Facebook 好友广告的旁边，而不是仅仅出现在“Sponsored Stories”中。

无论如何，我们从中可以了解到 UAG 具有极强的社交性，它能利用信息流强势进入广告营销市场。

国际领先的测评分发平台 Tomoson，其主要任务是在“影响力者”

(Influencer) 和商家 (Business) 之间建立桥梁，使“影响力者”与商家之间建立某种关系。具体说来，就是商家在平台上可以发布自己的产品，通过免费或者折扣来邀请“影响力者”试吃或者试用。而“影响力者”需要在其他社交平台上发布自己详细的使用报告和感想，以此来达到为产品宣传的目的。

此外，Tomoson 还为商家提供了数据挖掘和分析技术，以帮助商家在平台所聚集的数万个“影响力者”中找到与自己产品匹配度高的。Tomoson 中的一个“影响力者”的活跃指数或者说社交魅力指数可以通过其在其他社交平台上的活跃度、粉丝数等数据统计出来。

除此之外，商家在平台上发布产品试用信息的时候还可以根据自己产品的特点来要求试用者的年龄、性别、居住地等。试用者根据条件申请产品，商家根据条件来进行筛选。

当试用者申请产品成功之后，接下来的一切行为商家就可以进行追踪，看其是否对商品进行了宣传，有没有发布试用报告。如果觉得这个试用者不错，那么今后也可以展开长期合作。Tomoson 为商家提供为期 30 天的免费试用活动，之后根据软件的使用情况收取费用。而对于“影响力者”则是完全免费的。

总之，Tomoson 的目的就是通过试用者试用产品来写出自己最真实、客观的评价。如果商家试图利用平台盈利，那么他的账号就会遭到冻结。

以 Tomoson 为代表的这一类平台贯彻了“分享经济”的概念，充分对一部分人的认知盈余进行挖掘和利用。此外，它对商品好坏评定的话语权拥有者的概念做出了彻底的颠覆，通过更新广告形式把权利更多地交付给用户自己。

“影响力者”发布的内容对于用户来说更具有说服力。商家只需花费很小的试用品成本便可收获口碑的传播，这是绝对划算的。更何况用户本身又作为自媒体把信息向周围扩散，最终形成的效果规模是巨大的。通过这种形式的原生广告，从中可以提取出开发原生广告需要注意的关键点：

★ 首先，自己说产品千遍好不如别人尝试一次，与其把重点放在极尽赞美的宣传上，不如把产品交给第三方进行考验。当然，前提是产品能经得起考验。即使出现小小的缺憾也无伤大雅，毕竟很少有人是绝对的完美主义者。

★ 其次，大号转发、明星代言会给你带来满意的流量数据，但对于做好高质量的内容营销来说，还是要多把心思放在“小众达人”“利基意见领袖”身上。

★ 最后，仍旧要注意的是，原生广告的本质是内容，内容与形式的搭配可以千变万化，百花齐放。

## 2.3 移动互联网时代的内容营销

### ◎ 内容营销模式的迭变

随着科技和互联网的不断发展，各种电子设备从无到有，如今已经逐步迈入多屏时代，甚至很多人拥有多部手机以及其他互联网设备。随之而来的，人们每天所接触到的屏幕媒介与日俱增。那么，内容营销策略应当怎样随之做出变动呢？

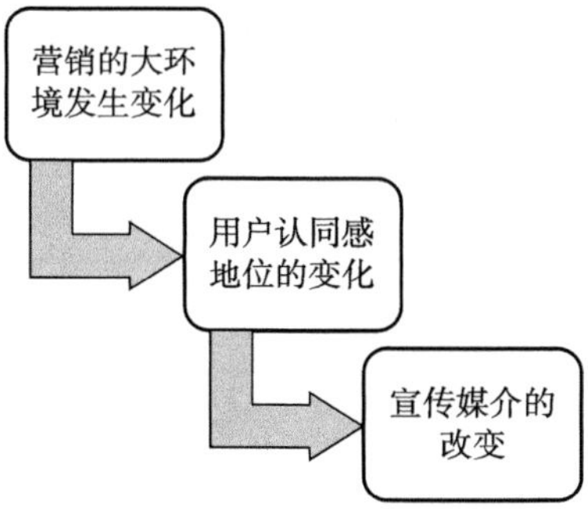


**图 2－13 内容营销模式的变革**

1）营销的大环境发生变化

由过去的商品经济逐渐过渡到体验经济，用户体验对企业是否成功起至关重要的作用。成功案例如苹果、迪士尼等，都十分注重用户的体验。

2）用户认同感地位的变化

现如今的营销多注重品牌口碑的营造，方式上也由传统的企业单方面灌输转向消费者自发的认同感。与消费者保持沟通并获得情感共鸣，有利于口碑的宣传。

3）宣传媒介的改变

在以电视为主的单屏时代，广告是营销宣传的主力军，一个优秀的广告有助于品牌博得眼球；而双屏时代，电脑与电视之间呈现出互通的状态，互联网为营销的实现提供了更多的可能性，其作为渠道的价值被日益凸显出来。

而到了现如今的多屏时代，移动网络发展迅速，人们随时随地可以拿出自己的设备进行互动。所以，企业应当思考的问题就是如何通过屏幕与消费者进行有效沟通和交流。要想与消费者产生情感上的共鸣，就必须站在消费者的角度来考虑问题，尽量设身处地地融入消费者的生活中去，生产优质内容导入流量，要知道现在生产与消费都是以人为核心，而非以产品为核心。

从相关的调查结果中我们可以了解广告主对于优质内容的态度。大约53%的CMO（首席营销官）把内容营销看作是最常用的一种手段，91%的CMO认为营销成功的关键因素在于优质的内容和出彩的创意。

除广告主外，我们还可以从媒体运营的具体数字比例中看出内容的重要性。

以凤凰网为例，其作为用户媒体，2008年收入结构中广告与内容的比例约为9∶1，但到了2012年，越来越多的广告主将更多的预算放到内容上，其比例变成了8∶2，内容形式多样，包括大事件、专题、栏目等，合作方式也多以赞助合作为主。

而到了今天，这个比例已经变成了7∶2∶1，其中7是广告，2是大事件等内容，1是原生内容。在媒体定制方面，越来越多的广告主希望可以增加原生内容的比重，即从用户出发，以媒体与用户沟通交流的习惯为基础产生出来的内容。

媒体在未来的发展中拥有巨大的潜力，这也为广告主提供了难得的发展机会。原生内容是由媒体端生产出来的，也是媒体与用户直接沟通的结果。媒体直接与用户的生活接触并以媒体的角度进行洞察，由此产生的内容更容易引起消费者的兴趣也更容易被接受。产生共鸣意味着有效传播概率大大增加。

## ◎ 原声广告 PK 传统营销

那么，从营销角度来说，原生营销与传统营销究竟有哪些区别呢？接下来我们从六个方面做出分析（如图 2 – 14 所示）。

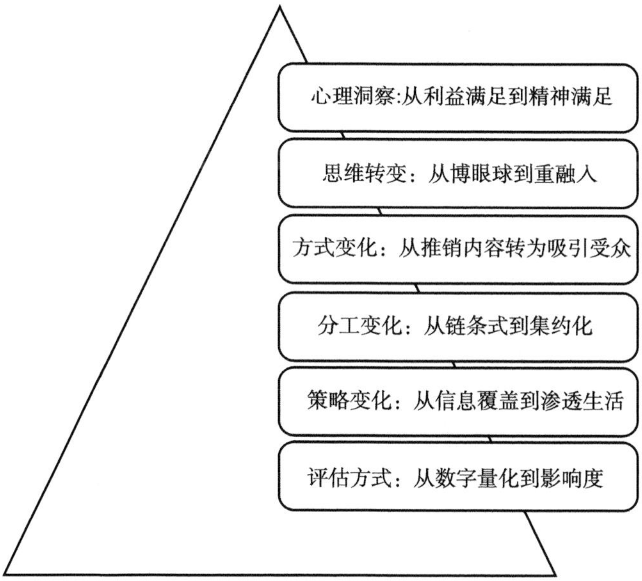


**图 2 – 14　原生营销 PK 传统营销**

### ◆ 心理洞察：从利益满足到精神满足

传统营销击中的是消费者的利益需求点，通过举行优惠活动或者提供附加赠品来吸引消费者的购买。而原生营销则更加注重消费者的精神满足。

举个很简单的例子，可口可乐在圣诞节期间推出的升级版包装，可乐瓶一拉便会成为礼花瓶。这个小小的改动使得消费者感受到了品牌为了他们的节日而体现出的诚意，也体会到了品牌分享快乐的理念。

《洲际传奇》是凤凰网为洲际酒店量身打造的历史纪录片，从酒店发展的历史开始讲述，用视频的形式讲述了酒店在历史上发生的故事。例如马丁·路德·金在酒店里说出I have a dream等。这样既能增加酒店的文化底蕴，又使消费者能够身临其境，拉近了消费者与事件和人物的距离。

### ◆ 思维转变：从博眼球到重融入

传统营销非常重视出位，通过独具一格的形式来博人眼球，对这种营销方式来说，制胜的关键在于用别人没用过的方式，占据最佳的位置，获得最多的关注。而原生营销更崇尚把营销的因素悄无声息地融入消费者的体验中，其过程并不影响体验，在保证消费者体验愉悦的同时，又把企业的信息融入其中。

为了应对饱受公众质疑的食品安全问题，伊利牛奶通过凤凰网做了一次原生传播“牛仔的一天”，记录了伊利牧场场长赵国梁一天的生活，包括看书、学习、工作等。

这个视频两天时间点击量高达4.6万次，曝光量240万。其成功之处在于把品牌与消费者放在平等的位置上，通过将一个普通人的生活融入消费者的情感世界中，获得接受度较高的传播效果。

### ◆ 方式变化：从推销内容转为吸引受众

传统的内容营销强调推销内容，把内容单方面、强制性地推介给消费者。而原生营销则注重不断提升内容的质量和吸引点，让受众不知不觉被吸引，从而主动加入进来。

美国的Best Buy Geek Squad是一支专门为消费者提供售后服务的极客小分队。这支队伍成员为清一色的酷小伙，其座驾、工具都非常符合他们的形象：酷。当这群小伙子赶往客户处进行上门服务时，可想而知，客户会主动为其进行品牌宣传。

“你需要买保险吗?”这大概是很多传统保险推销的常用语。而友邦保险联合凤凰网进行了形式创新，结合杭州最美司机吴斌事件，来对其过世之后的保险问题进行探讨。通过具体生动的案例来唤醒消费者的投保意识，从而吸引其自动加入友邦保险产品规划中来。

### ◆ 分工变化：从链条式到集约化

在以往的内容营销中，整个过程都是形成一根链条，从广告主提供诉求，到广告公司出创意策划、媒介公司的预算分配、制作公司的内容制作等，各部分分工十分明确，但是整个制作周期很长，成本也不低。原生态营销则是将各个部分的资源进行整合、集约化管理，从创意策划到最终的完成过程更加高效，制作周期大大缩短。

小米便是集约化原生营销的典型案例。其市场负责人并非广告行业出身，但以其为代表的整个团队却有着相当敏锐的市场洞察力，能够结合热点事件迅速形成创意，在整个社会上能够掀起一阵传播的热潮。这足可以说明其企业内部具有相当高效的资源整合能力。

### ◆ 策略变化：从信息覆盖到渗透生活

传统营销讲求信息的大范围覆盖，要求在用户眼到之处都应该做到信息铺盖。而原生营销则把重点转移到消费者每天的生活中去，不对地域锱铢必较，而是以人为中心，关注生活，及时响应大事件和热点话题。优质的网络营销为其提供有力支撑。

以耐克为例，2013 年其决定改变之前的全球运营战略，改组自建团队，密切关注市场，第一时间整合市场信息，对于大事件能够做出最及时的反映。例如李娜澳网夺冠，几乎立刻就能看到有特殊标志的创意 T 恤在微博等平台出现。这就是走进消费者的生活，让营销策略打在实处从而更加高效的典型案例。

### ◆ 评估方式：从数字量化到影响度

传统营销方式习惯于通过具体的数字量化来对营销价值进行评估，而原生营销则更注重营销的效果。比如内容在社会化媒体的传播广度、用户对其接受度、在搜索引擎中共有多少次检索、媒体公共页有多少次点击等。从用户对品牌的接受度和认同度来看待这次营销是否达到了预期效果。

从传统营销到内容营销这六个具有变革性意义的改变给商业营销模式带来了创新概念上的升级改造。

以一汽红旗为例，在传统时期，消费者对一个汽车品牌的关注主要在于性能、性价比等，同样，企业进行营销也多以这几个点切入来展现产品的卖点。主要形式是广告，主打内容之一是优惠信息，营销链条各终端分工明确，营销策略是尽可能垄断信息传播点，评估主要是看数字。而一汽红旗采取原生营销模式，通过凤凰网推出了纪录片《车轮上的记忆》。

这部纪录片原版有五集，从对消费者洞察的视野出发可以发现，红旗汽车最主要的消费潜在人群是较年长的群体。而对于这部分人来说，功能与性价比并不是最重要的，他们所重视的是情怀，是与其共同在岁月里经历过的痕迹和记忆。

所以针对消费点，纪录片还原了中国汽车成长的历史，以情感打动观众。在传播上通过凤凰网整合执行，在视频之外进行大量社会化推广，以汽车和情感为主题引起消费者的兴趣。这种悄悄对消费者的生活和情感进行渗入的方式引起了消费群体尤其是中高层消费群体的共鸣。

凤凰网在发掘原生价值内容方面一直在做着努力，对于传播品质的提升，凤凰网拥有极为丰富的资源，例如凤凰卫视基因的影响、策划及编导人员团队的完善、以人为核心的原生营销理念、丰富的媒体以及电视制作资源等。在未来，凤凰网力图以全媒体渠道打开战略部署，整合凤凰网、凤凰卫视、凤凰手机等多屏媒介，提供全方位立体化的营销服务。

## ◎ 品牌内容营销的主要趋势

随着互联网的发展，企业的营销方式也变得多样化，通过企业 Logo、画册、广告等进行内容营销已成为企业的常见手段。根据之前品牌营销的相关经验，可以预测出未来内容营销将呈现十大趋势（如图 2－15 所示）。

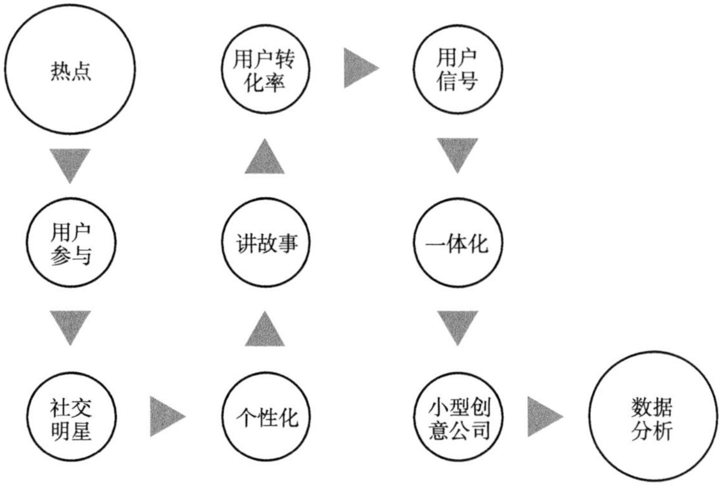


**图 2－15　未来品牌内容营销的十大趋势**

### ◆ 跟随潮流，把握时事热点

超级碗（Super Bowl）是美国美式足球联盟的年度冠军赛，也被称为“美国春晚”。2013 年，超级碗比赛的中途突然停电，观众纷纷刷起 Twitter，奥利奥也借势写道：“在黑暗中我们也是可以泡一泡的！（Dunk in the Dark）。”由此引起了广大观众的注意。

除此之外，奥利奥还利用网上的一段视频，用牛奶泡奥利奥，制作了一条广告，并策划出“奥利奥千奇百怪的吃法（Oreo Snack Hack）”的广告语，再次成为人们热议的对象。

目前，各个品牌借助时事营销已成为一种趋势，他们希望通过这种手段拉近与观众的距离，从而刺激消费。

国内杜蕾斯官网也一直走在紧跟时事的前沿。2015 年 2 月 25 日，Twitter 的一位用户上传了一张横条纹连衣裙的照片，由此引发网友对裙子颜色的讨论，形成“白金党”和“蓝黑党”。杜蕾斯迅速抓住热点，推出一款白金包装的避孕套产品，并配上文案：所以这是蓝黑的咯？

### ◆ 以用户参与为基础

在互联网 2.0 时代，广告即是内容，能引起消费者购买欲望的一定是产品的内容，而随着消费者逐渐参与产品的制作加工，必将有利于产品的创新，同时也能满足用户自身的需求。

2014 年，《饥饿游戏 3 · 嘲笑鸟》在 Twitter 上发布预告片，“The Mockingjay Lives（嘲笑鸟活着）”和“2-Unity（2-统一）”瞬间成为人们热议的话题，致使转发量大增。

此外，星巴克也跟随潮流，营造话题，推出“Vote For Joy”活动，粉丝可以投票给自己喜爱的假日饮料，并且在后期可以以半价优惠得到这些饮料。

### ◆ 社交明星将会更加吃香

随着粉丝经济的来临，越来越多的社交明星更加受到品牌营销商的欢迎。

Youtube 上的“化妆教主”Michelle Phan 拥有 700 多万名粉丝，主页订阅数也超过 200 万人，欧莱雅正是看到 Michelle Phan 的巨大影响力，才与她成为合作伙伴；而惠普也看到了 Vine 上两名用户的影响力，邀请他们参与惠普电视宣传片的制作，从而利用他们的影响力以及技能为营销造势；此外，还有一些公司也开始积极寻找可以合作的社交明星。

在未来，一些媒体公司，必将进行重组，为那些互联网新星投资，利用社交明星庞大的粉丝团进行宣传，打造“社交明星 + 品牌”的新型营销方式。

### ◆ 大规模创造个性化内容

由于用户自定义内容简单、易操作，在未来的广告营销中，这种方式可能会成为一种趋势。

Travelocity 旅行社就为消费者专门定制视频，每个人的名字以及要去的目的地都出现在视频中，为消费者提供个性化的服务；而 Purina 则构建了一个“时刻演播室”（Moment Studio），宠物的主人们可通过这个演播室及时记录宠物的日常生活；2014 年，上海如书文化传播有限公司推出了一款可以拍摄新旧场景的软件——足迹，用户通过这个软件可以合成创意照片，零成本制作属于自己的影片。

### ◆ 更专注于讲故事

随着互联网相关技术的发展，互联网上信息的传播形式也变得越来越丰富。比如，互联网刚刚进入我国时，风靡用户的主要是文字论坛；后来，人人网、微博等能够分享图片的平台逐渐火爆；近两年，美拍等短视频和直播平台更加受到用户的欢迎，满足了用户更强的自我表达需求。

在未来，更多的品牌以及门户网站将不再是在信息传播方式上大费周章，转而向内容纵深领域进行开拓，以富有吸引力的故事留住用户。

### ◆ 越来越注重用户转化率

传统的广告营销团队往往是成员绞尽脑汁想出一个创意，但随着互联网的发展，创意的来源变得更加多元化。在互联网 2.0 时代，各大品牌的营销团队不单负责广告文案，还要深入了解产品的生产过程，从而挖掘产品的潜在价值。

此外，越来越多的企业开始重视用户的参与度，拉近用户与品牌之间的距离，从而在营销过程中引起他们的共鸣，拉动消费，发挥用户的最大价值。同时，企业也将更加注重信息多样化的来源，通过对大数据、云计算等的应用，做出正确决策。

### ◆ 用户信号驱动内容分发

所谓用户信号指的是用户在日常生活中的一些谈话可能被品牌商挖掘出潜在含义，从而进行营销。目前，各大企业都在积极通过各种手段获取用户的信息，挖掘其中的潜在价值，从而实现精准营销。

“禁止酒后驾车”是全世界都在关注的一个话题，而有着“啤酒之王”称号的百威啤酒则一直以“理性饮酒”为企业文化，同时也将其注入了企业的营销策略。百威啤酒抓住用户信号，在 Twitter 上发布视频《你的朋友在等你》，以宣传片的方式倡议消费者理性饮酒，并引起了巨大的转发量。百威啤酒这次营销以低成本获取了高回报，投入产出比高达 1∶6。

### ◆ 内容规划和购买计划一体化重要性逐渐提升

随着互联网的发展，越来越多的用户通过 Facebook、Twitter 等社交平台拥有了自己的粉丝，带动这些平台的访问量大增，而更多的公司也逐渐开始寻求合并或合作。

美国的 Spredfast 公司与同样位于德克萨斯州的 Mass Relevance 公司合并；社会化营销平台 Sprinklr 收购 TBD 公司；而 Percolate 创意公司则采取与 SocialCode 广告公司合作的方式，将内容与技术相融合，提升自己的市场竞争力。

在未来，这样的合作方式会越来越普遍，成为品牌发展的一种战略方式，也必将刺激更多的消费者购买，拉动经济增长。

### ◆ 小型创意公司被热捧

在传统的企业管理中，许多管理者认为人才是决定企业胜负的关键，但随着互联网 2.0 时代的到来，消费者的需求更加的多样化。因而，企业也要整合各方面资源，为用户提供多元的服务。

2014 年 11 月，法国最大的广告与传播集团阳狮（Publicis Groupe）以 37 亿美元收购了 Sapient 公司，其中 Sapient 公司主要业务是为用户提供数字广告咨询与技术服务。

在未来，大公司收购富有创意的小公司必将成为一种潮流，从而拓展市场。

### ◆ 数据分析为营销提供洞察

随着移动互联网的发展，大数据必将参与企业的运营、管理，企业只有在获取了充分的用户数据之后，才能实现精准营销。

2013 年，世界最大的广告传播集团 WPP 旗下的独立媒介公司传立媒体（Mindshare）推出一个实时营销中心（Loop），负责统筹用户数据。该营销中心可覆盖 100 多条数据流，真正实现大数据管理，而传立媒体则可以及时获取用户的信息，从而进行存储、分析、利用，获得良好发展。

此外，类似于 Tweetdeck 和 Brandwatch 这样的社交媒体监测公司也开始利用大数据为其他企业提供服务，精准分析，制定战略，以此获取利润。

不过需要说明的是，虽然这些趋势是未来广告营销的发展方向，但未必都是内容营销的最终方向。同样，它不仅符合广告业的发展规律，也适用于其他行业。在未来，内容营销将成为各行各业制胜的关键。

## ◎ 内容营销的实践案例

原生广告实际上没有分门别类的必要性，因为不管是哪一平台开发出来的原生广告都很难被其他平台直接套用。而只要掌握了原生广告的本质，再冠以不同的载体和形式，原生广告所展现出来的姿态就是千变万化的。

下面我们来了解一下原生广告在国外的营销实践。

### ◆ 原生广告在国外的营销实践

1）Facebook：Sponsored Stories

Sponsored stories 指营销主体为了实现自己的营销目的，从用户或者某公司的官方网站那里买来的不同形式的展示空间。

Facebook 于 2012 年第二季度正式上线了 Sponsored stories 营销方式，自此其收益水平为 100 万美元/天，到第三季度时为 400 万美元/天，超过预想收益。其中，移动端的营销收益规模为 1.5 亿美元，占总体收入中的 14%。到 2012 年第四季度时，移动端的 Sponsored Stories 收益环比增长了一倍。

Sponsored Stories 广告解决了传统 banner 广告无法解决的难题，使营销主体实现了预期目标，获得了大量收益，而 Facebook 本身也因此提高了收益，移动端的剩余流量资源同时得到了很好的利用。Facebook 当初的设计规划就是让用户体验到他们购买来的内容在形式和自然方面没有太大的差别。因此 Facebook 非常支持 Sponsored Stories 的营销方式。

2）Twitter：Promoted Tweets

Promoted Tweets 属于微博的行列，通常是营销主体为了扩大自己的商品在用户中的影响力或者是与其忠实用户加强交流沟通而买下来的。Promoted Tweets 能够提高广告的针对性，将广告呈现在那些有需要的用户眼前。

根据 Twitter 的管理层人员对外公布的数据，通常情况下，该公司来源于移动终端的营销收益多于电脑终端的收益，Twitter 的主要收入来源便是移动端的营销收入。而也正是由于原生广告的应用，克服了传统广告形式在移动端的局限性，适合手机终端的小屏幕显示，充分整合了移动端的流量资源，才能够出现这样的局面。

3）BuzzFeed：Branded Content

BuzzFeed 网站向用户提供的内容以新闻为主，用户在浏览网站页面时不会看到传统广告，因为该网站的广告都是原生广告，是植入式的。网站在这方面没有一味模仿，而是坚持自我，事实证明他们这样做确实能够提高收益。

## ◆ 原生广告在中国的营销实践

1）新浪微博：达人推送

如同 Promoted Tweets（Twitter 的原生广告）一样，新浪微博也是根据用户资料的信息和其关系圈来对用户进行准确定位，针对用户习惯和偏好推送信息。尽管新浪微博的信息流中仍旧存在大量的垃圾信息会不时引起用户反感，但这依旧是新浪微博商业化的一种有效方式。

相较于其他的信息而言，新浪微博中的“达人推送”更加受到用户的欢迎。比如，有的知名美妆和护理达人会定期向自己的粉丝推送化妆和保养的相关小知识，这些文章含金量较高，提到的都是用户日常需要的，那么就会吸引用户的注意。期间也许会出现一篇文章对某个品牌的化妆品进行评析，若言语恳切、观点客观，也就很容易引起读者“我是不是也需要这款化妆品呢”的思考。

2）微信：把商品制作成“生活清单”

在微信平台中，朋友圈之间信息交流的广告就是原生广告，那是微信原生广告最引人注意的一种。那么这里我们来了解一下另一类原生广告——“生活清单”。

所谓“生活清单”，就是内容中读到的产品实际上是商品，但却以“你的生活中需要什么”的口吻来将产品陈列出来。这就好像是一份日常生活指南，它的理念在于实现生活中的极致体验，也就是说我们在生活中没必要去计较我有多少东西，而应该去在意我所有的东西在质量和品位上是否到达了某种极致。对于生活来说，我们应当在合理的预算之内获得更高品位的生活质量。所以，理想生活用品的清单是必须要准备的。

“生活清单”用“品位”一词把产品和用户连接起来，而不至于引起用户反感。其内容标题多以“保证你身体健康的十种食物”“夏季出游如何避免晒黑”“送给爸妈最实用的礼物”等为主，充分诠释了广告人情化的含义，能够引导用户去接受所传递的信息。

随着移动互联的日益发展，在微信上这样的公众号已经不在少数。一般来说这些公众号有自己专攻的领域，聚拢了固定的粉丝。因此，越来越多的企业也开始倾向于同这些公众号展开营销合作。

简而言之，原生广告是从理念层面上来说的，并不是指特定类型的营销方式，我们可以把它看作 SOLOMO① 理念在营销领域的应用，也无须绞尽脑汁去给出一个大家都认同的定义，只需按照不同媒介的特征，做出适当的调整，使这种方式既能适应媒介环境，又能达到营销目的、增强用户

① SoLoMo：即“Social”（社交的）、“Local”（本地的）、“Mobile”（移动的），也就是“社交本地移动”。

体验。

如果运用得当，它可能颠覆整个营销领域，反之，会给媒体、营销主体和用户都带来损失。不可否认的是，原生广告确实能够发挥引导性作用，它能推动营销市场的进一步发展，带动创新。

可以预见，各大媒体会在这个理念的基础上制作出更多富有创意的广告内容，典型的例子包括 Tumblr 网站、Pinterest 网站以及我们上文中提到的微博、微信等，在这方面取得成功的商家也会在此基础上做进一步的探索。

# 第 3 章　跨屏营销：多屏时代的精准营销法则

## 3.1　决战多屏："三位一体"的营销新模式

### ◎ 多媒体环境下的广告营销生态

现如今，移动屏幕已经遍布我们的日常生活，它与电视、PC 等一起逐渐成为我们接收信息、互动等不可缺少的平台。除此之外，还有随处可见的流光溢彩的 LED 屏等户外屏，这都意味着我们已经进入了多屏时代。

随着载体形式的变化和更新，媒体通路也在发生着前所未有的变革，内容趋于饱和，用户注意力碎片化，需求呈现出波动变化的状态。正是因为媒体通路的变革，目前营销也随之走向变革的时代，同时也面临着巨大的挑战。

那么，该如何应对这些挑战呢？在解决这个问题之前，我们首先来对多屏时代媒体环境进行具体的分析。

### ◆ 多屏时代下的媒体融合

如今，多终端已经成了多屏时代发展的必然趋势，这对于营销的影响在于传统营销与新型数字化营销之间的界限越来越模糊，在未来二者之间的界限将趋于融合，而非守着自己的领域同对方争斗得昏天黑地。无论是电视、LED还是如今的手机等移动设备，它们之间的距离越来越小，比如湖南卫视上线芒果TV，央视春晚同步在微信发红包等都证实了这一融合趋势的正在进行。

由此看来，无论是传统媒体还是新媒体，它们之间并不存在谁把谁挤出市场的问题，媒体融合才是最终发展的大势所趋。当下互联网数据边界不断外扩，其投放到屏幕终端上，把移动屏、电视屏、户外屏等统统纳入互联网多屏的局面当中来。

在这样的一个多屏生态中，每一个媒体都有属于自己的特点，同时也可以相互借力，创造广告之间的互动，在互动中把广告媒体的边界不断向外扩展。

那么在对多媒体融合的环境有了一个基本的判定之后，我们再来分析如何应对三大挑战——注意碎片化、需求呈现波动化、内容趋于饱和（如图3－1所示）。

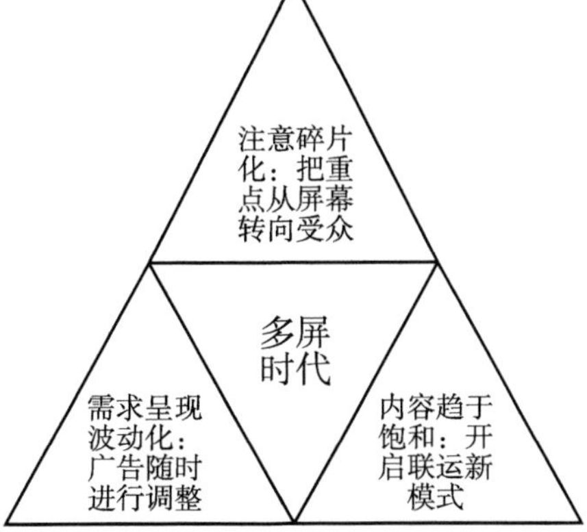


**图3－1　多屏时代的三大挑战及应对策略**

### ◆ 注意碎片化：把重点从屏幕转向受众

如今是多屏时代，很难说哪一个屏幕能聚焦受众的更多注意力。人们在日常生活中可以通过很多渠道来获取信息，因此他们的注意力是分散的。

在这种情况下，对于营销来说，与其去争夺某个屏幕或者是把某个屏幕推上所谓的主导地位，不如把重点转移到受众身上。广告主应当转变思路到生动的“人”身上，而非死的屏幕，毕竟品牌和产品最终的服务对象都是受众。换句话说，营销投放从最初零散的媒体到后来整体的受众，减小投放压力的同时也在增强投放效果。

在过去，媒体要想做出好的效果拼的是覆盖面，投放时间、地点、媒介都是提前预订好的，在这种格式下出来的效果甚至都可以提前预知。那么在这样的过程中，投放这个动作也就仅仅只是一个动作而已，没有策略的意义。而到了多屏时代，受众群体的目光不可能只被某一媒体或者媒介吸引，因此机械投放并不能带来好的效果，投放策略开始变得重要起来。

具体来说，投放策略包括媒体经营的各个方面，如受众人群定位、时间定向、地域选择、形式选择等。而在这其中首先要确定的就是受众人群，这就需要对群体的零散数据进行整合分析，用数据去模拟出最全面的用户形象，以此为参照来进行媒体铺设。

### ◆ 需求呈现波动化：广告随时进行调整

在受互联网影响的多屏时代下，PC 端、移动终端、电视等屏幕之间的联系越来越密切，消费者对于手中的移动终端功能操作越来越熟悉，可以利用其直接操控电视，完成与电视之间的互动。在看电视广告的时候也可以通过手机客户端直接下单支付，对于企业来说这就实现了从广告到收益的直接转变。

但这一过程具有相当程度的可变性，交易行为能否及时完成取决于客户的兴趣是否催生了这一行为的产生。而客户的需求是以兴趣为准线进行上下波动的，规律极难掌握。针对此种情况，要想保证广告效果，广告主和广告商就应该对需求波动进行跟进，及时进行广告调度，尽量使其与用户的需求变化频率一致，这样才能确保实际的广告效果。

比如，泰一指尚（AdTime）是在全球占据领先地位的大数据营销企业，其坚持以人为本的理念，在多年的实践中不断锻炼自身洞察客户需求和习惯的能力，力求准确把握客户需求习惯的实时变化。

由于客户的需求和习惯随机性较大，变化规律难以掌握，AdTime 提出了“时间即需求，沟通即获需”的营销理念，对媒体数据和行业数据的积累进行实时监测，并对媒体位置的转换进行动态监测。

根据媒体、广告位在不同位置的流量、点击、关注等数据的变化及时做出调整，有效甄别出什么样的位置适合怎样的人群，从而能够按需匹配，最大化做到精确定位，以求准确锁定不同人群在不同时期的不同需求。如果有数据在某一阶段出现明显下降，那么 AdTime 就会利用系统甄别影响因素，及时做出调整。

### ◆ 内容趋于饱和：开启联动新模式

虽然在多屏时代载体不断增多，但每个屏幕上的信息量仍旧出现超负荷的信号。出现在屏幕上的节目应接不暇，精彩看点更是一个接一个。广告主和制作商不停地抓住每一个可能引起客户兴趣的契机来接入营销，而且为了能够在众多信息中脱颖而出吸引客户的注意，他们不得不使出浑身解数来更新形式和创意。

在多类型的屏幕中，移动屏幕有着其显而易见的亮点，不但 O2O 扩展能够支撑起互动内容，而且屏幕之间的互动也能够有效地实现。例如央视春晚与微信发红包同频跨界互动，当晚“摇动手机”成了 185 个国家 110 亿人次都乐于参加的活动。这次活动开创了跨媒体互动的最新高度。

随着 O2O 等多种商业模式的兴起，内容互动越来越频繁，互动的形式也愈加多样。尤其是移动屏幕上的互动玩法可谓是花样百出，各种小游戏层出不穷，优惠券、发红包更是广受客户欢迎。这类互动形式快捷高效，提升了内容互动的高度，同时也取得了不错的效果。

优质互动内容的产生并非凭空想象，而是首先要设定一个营销情景，这一情景是由手机屏所构建的，具有相当大的驱动性。在这一情境中，时间、环境、情绪、营销等情景因素对内容互动展开了全方位的强化。

AdTime 的营销平台是 SNS 和社会化媒体行为分析的综合体，专业程度在全国处于顶尖位置，其通过把多种社会化媒体产品相结合，把娱乐性、实时性、价值性、创新性、互动性、整合性融合起来，形成多位一体的创意组合模式，将创意和内容植入用户视野，设定出一个针对具体广告所面向客户的消费情境。

随着互联网的不断发展，多屏营销的生态圈边界正在不断扩大，在扩张中将越来越多的企业融入其中。在这种大背景下，无论是营销方式还是广告技术都要相应做出调整，当然也会在未来顺势实现突破性发展，比如跨屏互动营销的出现。

在这之中 AdTime 可以说是跨屏互动营销当之无愧的先驱者，其以自身的大数据平台作为根基，全新的互联网互动技术更是让它如虎添翼，始终做到以用户为中心，不断更新更加新颖的形式来刷新用户视野，使得广告主始终能够在多屏时代的竞争大潮中立足。

## ◎ 多屏融合下的消费者行为模式

近年来，随着互联网以及其他技术的发展，智能手机、平板电脑等可随身携带的移动设备渐渐遍布人们的生活，多屏时代的到来使得营销人员也不得不开始针对多屏进行关于营销策略的探讨。

在多屏时代初期，营销行业探讨比较多的是“多屏整合”营销，而随着大数据所起到的作用越来越大，“跨屏”概念开始走入人们的视野。营销人员也敏锐地抓住这个概念的意义，努力通过数据挖掘来打通屏幕之间的壁垒，实现跨屏营销才是营销最终的目的。

现如今，我们的日常生活早就与“屏”息息相关了，那么生活的轨迹究竟与屏有着怎样的关联呢？我们可以来想象一个日常生活的场景：

早上起床被手机闹钟叫醒，吃早饭的时候顺便刷刷微信朋友圈，去上班的路上再刷一遍微博；到了办公室打开电脑开始工作，工作累了玩会儿手机；午休的时候拿出 iPad 看会儿电影、玩会儿游戏；下班回到家打开电视，一边看电视一边玩手机或者 iPad；睡觉之前再刷一下朋友圈……

由此不难看出，很多人在生活中是多个移动设备交叉使用的，无论是工作还是娱乐。

智能设备的覆盖率正以惊人的速度增长着。据数据统计，全球 70 亿人口中使用智能设备的人数高达 45 亿。就美国来说，eMarketer 的调查显示，从 2013 年到 2014 年平板电脑的用户从 1.3 亿增长到了 1.47 亿。

目前，智能手机、平板电脑等电子设备的消费人群规模不断壮大，截至 2014 年底全球消费数量达到 24 亿部。美国有 1/3 以上的消费者拥有 1 台以上的智能设备。智能手机、移动电脑、平板电脑等设备为消费者们提供了更多、更便利的平台，消费者可通过这些平台随时随地进行消费。

互联网的一大特性便是信息的分散和变化性大，因此广告主们总是会面临这样的难题，那就是无法准确把握互联网信息的脉搏。经过多方分析，他们认为电视、PC 电脑仍旧是向大众传递信息的最好方法。但是在这个信息爆炸的时代，广告主们绝不能只依靠这一种方法。

互联网和多屏结合为广告主们提供了更多的营销选择，也是商业营销一个新的契机。那么，在多屏融合的新时代背景下，消费者的行为模式会受到怎样的影响呢？

★ 消费者如何关注并了解新产品和新服务？

消费者对于一个新产品最开始的关注往往需要有形的、实体的东西来引起注意并增加信任感，因此线下提供是其关注新产品和新服务的主要途径。但尽管如此，智能屏幕4块以上的消费者还是日渐把社交网络、互动平台等当作是了解信息的窗口之一。

★ 哪种获取新产品和新服务信息的方式更受消费者青睐？

通过哪种途径来了解新产品，对于消费者来说是偏好和习惯的问题。而在多屏时代，人们更倾向于通过线上方式来获取信息。即使是受访者中只拥有2块屏幕的消费者也是更倾向于通过互联网来获取信息。在线下渠道主要是家人和朋友的个人体验，而在线上渠道主要通过社交网络等平台的信息交流分享。

★ 消费者怎样与品牌商家保持联系？

在之前的商业活动中，产品售出之后消费者与商家之间的联系就会骤然减少，多数关系都靠促销单、电子邮件等方式来维持。而到了多屏时代，品牌对客户的维护更为方便，不仅有电子邮件，还有微博、微信等多种社交平台来帮助品牌继续维持与客户之间的关系，持续传递品牌信息。

从某种程度上来说，多屏整合营销是营销手段在没有数据打通的技术支持的阶段向跨屏影响跨越的一个过渡。

从营销者的角度我们可以看到，进入多屏时代之后品牌与消费者之间的互动关系在发生变化，人们希望在不同的屏幕上都能获得对同一品牌的相同体验，无论是网站、APP还是零售店，都只是品牌营销渠道的一部分，因此若在某一途径上体验效果出现偏差，就会引起他们对整个品牌的怀疑。所以，营销人员需要找到一种跨屏营销的手段来改善消费者品牌体验的效果。

之所以说多屏整合是一种过渡策略，是因为营销者在根据用户习惯对不同屏幕进行有效整合，其最终目的还是要打通屏幕之间的壁垒，但是苦于没有数据支持。所以技术进步之后有了跨屏营销。

跨屏营销比普通的广告要复杂很多，因为目前营销者对其操作还不是很熟练，很容易导致营销活动各自为营而缺乏互动。再加上有庞大的数据需要处理，对数据的追踪和分析极容易缺失，使这一问题更加严重。

广告主理想中的效果是广告与受众人群完全匹配。但是在目前的情况下，我们并不能轻易地判定广告的消费者和真正来购买的消费者是否是同一人群。因此跨屏营销的完美实现还有很长的路要走。

## ◎ 广告主如何实现多屏整合营销?

多屏时代正朝着丰富和成熟一步步迈进，人们在生活中被各种屏幕占据着视线，分割着时间，其中以 PC、电视、手机、iPad 作为四大主流屏幕。通过跨屏互动，人们实现信息的接收和交流，使得互联化更加频繁。

Ipsos 和 Brands 是全球知名的调查公司，Google 与其合作对多屏的效用展开全面调查，结果显示：当电脑、电视、手机、平板结合在一起的时候，它们发挥的作用是最大的。在美国民众每天在媒体消费上的 4.4 个小时中，跨屏消费占到了 90%。

而在中国，人们花费在媒体上的时间也不容小觑。2013 年，中国超过美国成为全球第一智能手机大国。据《中国网络视频蓝皮书》数据显示，我国消费者每周平均花费在电脑上的时间为 12.6 个小时，在电视上为 9 个小时，在平板和智能手机上分别为 8.3 个小时和 7.2 个小时。

跨屏趋势不可逆，随之多屏营销也在引起人们越来越多的关注。多屏营销所取得的效果是与广告主的利益密切相连的，企业和品牌如何发挥多屏营销的作用来赚取眼球和效益，这是值得每家企业每个品牌都认真思考的问题（如图 3 –2 所示）。

1） 营销策划围绕消费者展开

无论营销技术如何变革，也无论新时代新技术如何层出不穷，在营销手段五彩的外衣下，以消费者为中心是永远不会变的准则。毕竟营销的最终目的是为了吸引消费者的关注，所以怎样利用不同屏幕的特点来发挥其价值也要以消费者的需求为基准。

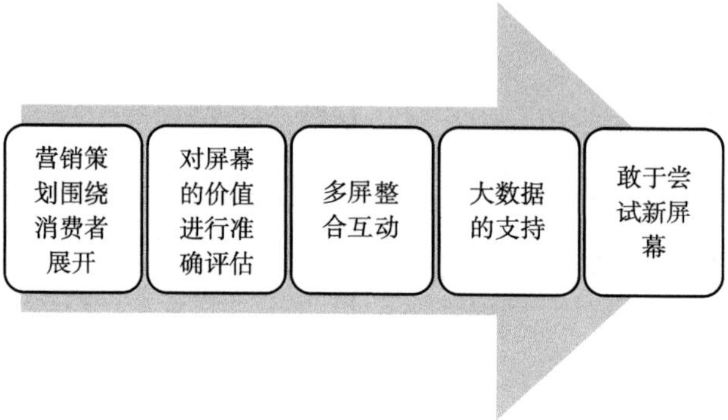


**图 3－2　多屏营销的具体策略**

2）对屏幕的价值进行准确评估

从传播角度来看，每块屏幕在消费者生活中所扮演的角色是不同的，因此每块屏幕对消费者的影响力和影响点都不同。对这些方面进行准确评估有助于发挥多屏的真正价值。

在评估品牌时不应只注重其到达率，应充分利用屏幕各自特性，选准各自适当的时间地点进行针对性强的精准传播，从而达到较好的传播效果。

3）多屏整合互动

单独的屏幕形式再优秀其整体能力也有限，把每一块屏幕、每一次营销活动都纳入多屏整合互动中来，才是多屏营销的魅力所在。比如一个品牌形象出现在电视上，成功的营销者会使其同步出现在其他屏幕上，从而充斥消费者的其他时间和空间，以形成连贯清晰的形象。

4）大数据的支持

现如今，所有的检测、互动、整合都离不开大数据的支持，因此要想实现多屏之间的媒体联动，跨媒体的消费者数据库就必须同步提供支持，这比人为的判断更为理性和准确，只有这样跨屏互动才不是盲目的，而是有效且高效的。

5）敢于尝试新屏幕

随着科技日新月异的发展，人们思路更加开阔，各种创新屏幕应运而生，如谷歌眼镜、苹果手表等。同时这也为营销者提供了更多机会。把握创新屏幕，实现突破性营销，这是聪明营销者的选择。

在多屏时代，屏幕之间不同的排列组合意味着营销有很多新的玩法，创新思路尝试不同组合，或许能碰撞出更多火花，点燃多屏营销的吸引力。

## 3.2 读屏时代：颠覆你的营销想象

### ◎ 跨屏广告：重构传统营销模式

读屏已经成为现代人不可逆转的生活方式，电脑屏、手机屏、iPad屏、电视屏等充斥着人们的生活，如履“屏”地的读屏时代已然到来，甚至不同屏幕间进行内容的衔接也已经非常普遍。

面对这个趋势，众多品牌广告也寄希望于跨屏互动的广告新形式以使品牌营销效果有所提升，借助跨屏互动广告来提高目标受众对品牌宣传的参与度从而增强用户对广告信息主动传播的意愿，并最终占据更广阔的市场份额（如图3－3所示）。

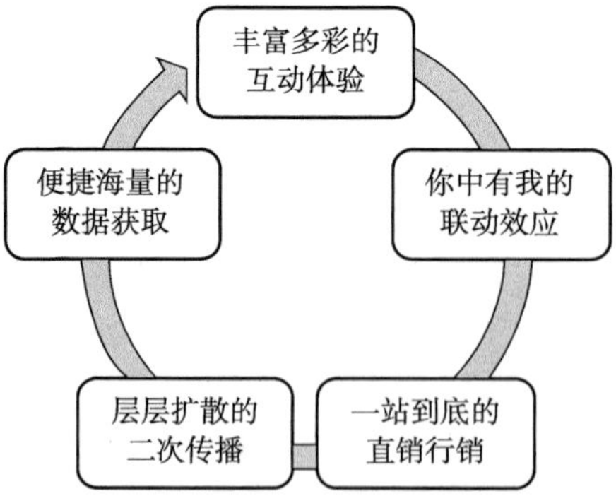


图3－3　跨屏广告营销的价值

### ◆ 丰富多彩的互动体验

在充斥着智能手机、平板电脑、数字电视等诸多移动设备的多屏时代，消费者的注意力被分散、媒介边界在模糊，我们所要做的不是要求消费者做出硬性选择，而是要将多屏终端相结合，取长补短，为消费者提供更加丰富多彩的极致互动体验。

### ◆ 你中有我的联动效应

追求个性的现代人更喜欢有创意的广告形式，新鲜、个性更能吸引他们的眼球，在参与中了解产品信息，提升对品牌的喜爱。

比如大众凌渡领跑“跑男”，就是借助电视屏与移动屏的跨屏互动，不仅没有让观众萌生厌恶，反而提高了电视广告收视率，因为这种跨屏广告给消费者带来了娱乐化的期待感，所以这种你中有我的联动效应也是广告跨屏的一大关键因素。

### ◆ 一站到底的直销行销

所谓直销行销就是不通过零售据点而将产品直接出售给消费者，强调的是“开展一对一的直接关系”。第三方支付平台的火爆使支付方式更加高效便捷，而跨屏互动则使广告等营销手段可以更直接地面向目标对象群，使品牌与消费者进行良性互动，大幅缩短实际购买过程。

### ◆ 层层扩散的二次传播

如今的消费者对信息具备更敏感的触觉，愿意主动发现并传播新鲜事物，而跨屏广告所呈现的趣味性和表现力则更激起了他们分享的意念。在跨屏广告的传播过程中，消费者自动变为传播客体并向其他目标群体进行二次传播，最终使广告信息呈现扩散态势。

◆ 便捷海量的数据获取

在数据就是资本的大数据时代，获取新用户的基本信息数据对于广告领域来说尤为重要。由于跨屏互动广告的其中一端多为移动端，借助 APP 应用来获取诸如消费者个人消费行为等用户基本信息变得更加简单，这样就可以将消费者的各类数据加以汇总，形成海量数据库，可以更加方便快捷地为产品研发、品牌推广提供强有力的数据支撑。

## ◎ 跨屏广告营销的主要特点

与单屏广告营销模式相比，跨屏广告营销具有三个明显的特点（如图 3－4 所示）。

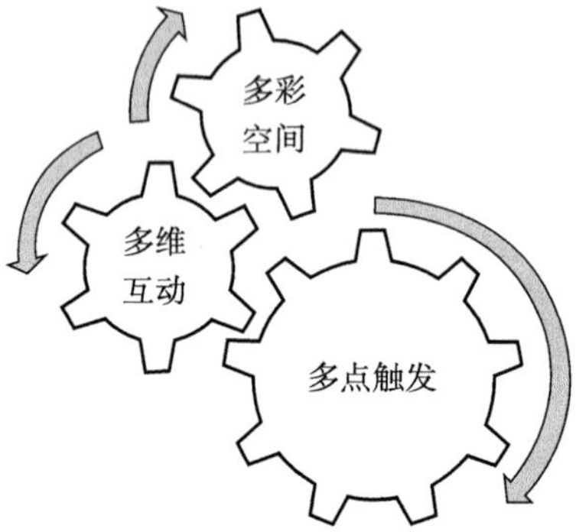


**图 3－4　跨屏广告营销的三个特点**

◆ 多点触发

所谓多点触发，就是运用二维码技术、音频自动识别、操作系统同步、输入匹配号码等多种触发点实现互动连接。

借助二维码技术可以轻松进入移动互联网；音频自动识别是一种基于语音的交互技术，通过自身的侦听技术自动识别广告音频从而实现电视广告与应用的结合；操作系统同步是针对某些软件而言的，这些软件自带同步操作系统，只要不同屏幕端安装同款软件就可以轻松实现多屏连接；输入匹配号码使用户的移动端与 PC 端同步连接成为可能，从而更加快捷地触发下一步互动。

### ◆ 多维互动

体感技术、AR 技术的出现实现了广告的多维互动，给消费者带来了颇具立体感的互动体验。

所谓体感技术就是人们无须借助其他复杂的控制设备，直接使用肢体动作便可完成与周边装置或环境的互动，体感技术使用户获得了身临其境的互动体验；AR 技术是一种将真实世界信息与虚拟世界信息进行“无缝”连接的新技术，借助 AR 技术将虚拟世界叠加在现实世界进而实现多维互动，这项技术既给用户提供了更加自然的交互方式，也因其实时交互性为用户提供了超越现实的感官体验。

### ◆ 多彩空间

跨屏互动广告借助诸如 APP 应用、活动网站或 MiniSite 等载体为我们呈现出多彩的互动效果空间。

APP 应用作为最常见的互动载体具备无法比拟的优势，APP 为用户提供了更加丰富的交互设计，无论是电视屏还是电脑屏与移动屏的互动都使用户得到极致的用户体验；而活动网站或 MiniSite 的应用范围则主要聚集在 PC 端与移动端之间的互动，借助品牌自建的活动网站或类如 Facebook、豆瓣网等比较活跃的活动主页来进行互动广告的投放，在结合 APP 应用的同时为用户提供了更加多彩的互动空间。

## ◎ 移动互联网时代的跨屏广告营销

如今，数字广告发展得如火如荼，广告主们把大把的预算都砸到了数字广告上面。然而，这些钱真的花的有价值吗？数字广告的效果在哪里？广告真的针对用户做出了最合适的判断吗？这些问题仍旧没有一个确切的答案。

广告主和代理商们最为关心这些问题，他们通常认为，低转化率、缺乏对消费者的洞察和归因分析不到位是制约数字广告发展的关键因素，真正的“跨屏”并没有完全实现。那么，如何才能让跨屏营销真正“跨”起来呢？

### ◆ 移动屏在多屏中的地位

根据 eMarketer 最新数据显示，2016 年的全球媒介广告投入将从 2015 年的 5780 亿美元达到 6150 亿美元。而其中数字广告的投入高达 1980 亿美元。2016 年移动互联网广告的投入占比将首次突破 50%，这一比例预计未来还会持续扩大。

2013 年，美国成年人群体在数字媒体上消费的时间首次超过电视，而其中移动设备起到的作用是巨大的，因为 50% 以上的数字广告都是以移动设备为载体来对消费者进行展示的。

移动设备在数字广告中起到的作用还在持续扩大，目前，相较其他媒体来说，移动设备已经基本成为人们使用最多的方式。用户是数字营销的核心，而移动屏恰好做到了随用户而动，因此营销战略的重点当然是移动设备终端。如今的营销要想取得优势，就必须把移动营销、桌面营销与线下营销有效结合起来。

### ◆ 跨屏互动中的技术“短板”

我们都知道木桶理论，木桶上的短板才是决定最终桶里有多少水的关键因素。那么，跨屏中的技术“短板”在哪里呢？

如今在 PC 端中，用户精准定位的技术已经非常成熟，利用 cookie 实现用户追踪已经实践了很长时间，真正的短板在于其他“屏”，也就是移动设备。cookie 追踪转到移动屏上就会自动失效，那么如何做到用户与设备之间进行准确匹配呢？全球数据营销机构 Vizury 指出，应当针对以下三个关键点：

1）Android 设备的用户精准定位

目前国内的安卓系统仍旧存在不完整性，由此一来，广告主就无法完成广告、用户和设备之间的精准定位。因此，部分安卓设备是无法支持数字广告直接投放的。

2）iOS 推广代码通过 APP Store 的审核

在市场上 iOS 设备也占了相当一部分比例。在这类设备中加入广告来推广软件开发工具包（SDK），就必须要通过苹果 APP Store 的审核。如果 SDK 不具备可视性，那么苹果 APP Store 就会把其制作视为非法，从而对整个 APP 进行禁止。

3）非用户登录模式的定位

就目前来看，实现跨屏的主要方式就是通过用户登录模式，也就是其账号体系。那么在非用户登录的状态下怎样实现对用户的有效识别呢？

这对广告营销来说是一个不小的挑战。尤其是大范围的对移动设备用户进行识别，仅靠 cookie 和账号登录是无法满足的。所以，广告系统如何对一个用户的多个设备进行准确识别是技术门槛的关键。

综上来看，跨屏营销要想达到完善的效果，关键在于对每一个“屏”都做到准确有效的识别，设备与用户之间的精准匹配是实现跨屏营销的基础所在。

### ◆ 跨屏营销是必然趋势

新时代的到来意味着营销也走到了改革的路口，跨屏营销是其未来发展的必然趋势。但对于很多广告主来说做出这一决策并不容易，因为跨屏营销无论是从技术层面还是其他方面看起来都需花费大量的精力和财力，但是如果不加入就有被时代大潮甩在身后的危险。

但是我们应当看到，互联网尤其是移动互联网正在以惊人的速度向前发展着，以这种速度发展下去，相信跨屏营销在不久的将来就会在广告主享受技术带来的权益与跨屏精准之间找到一个平衡点。

广告主应当做好迎接它并进行实践的准备，因为只有跨屏营销才能实现营销的真正目的，把恰当的信息在合适的时间推送给恰当的用户，以促进最终的转化率不断提高。

## 3.3 跨屏营销时代的广告投放策略

### ◎ 跨屏互动：吸引消费者参与跨屏

#### ◆ 实时全景视界：延伸视觉

个性化的现代人不断追求全新的视界，然而眼球局限所带来的盲点决定我们无法真正全面地观察这个世界，所以若能帮助消费者延伸视觉，他们必然可以体验到全新的视界（如图3－5所示）。跨屏互动广告若是可以参照这一原理为消费者提供不一样的视角，为消费者展现一个实时全景的视界，就有助于提高参与度，在读屏时代更好地实现品牌推广。

GadgetShow是英国广播公司BBC5频道推出的电子科技节目，颇受英国观众的欢迎，该节目所打造的iPad双屏互动广告正是吸引大量观众的一个重要原因。

一般来说，观众在看电视时只能看到某一角度的场景，为给观众更好的视觉体验，代理商将360°视频技术与iPad设备相结合，用户可以通过iPad APP观看到节目现场360°的场景。不得不说该节目的成功正是由于为用户提供了实时全景视界。

3D网页是日本谷歌浏览器Chrome的活动网站，只要将PC端的Chrome与移动端的Chrome同步，在进行跨屏接连之后就可以将网站转变为3D迷宫，用户就可以利用手中的移动设备随时随地体验3D迷宫所带来的乐趣。

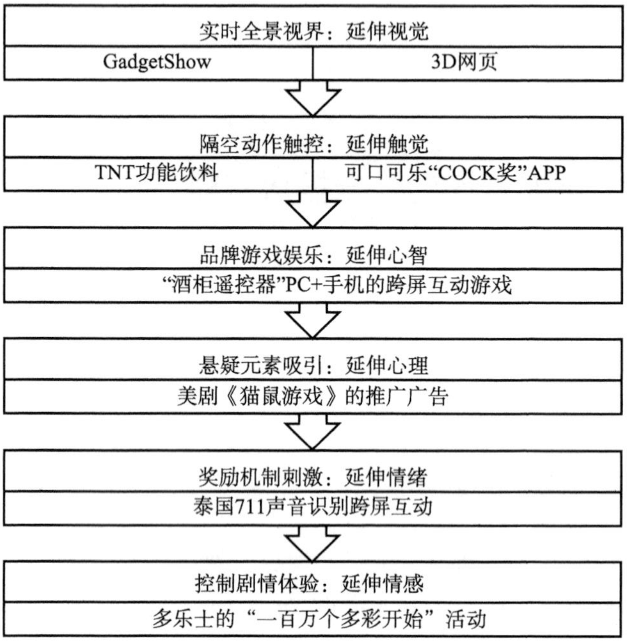


**图3-5　吸引消费者跨屏的六个策略**

延伸视觉这项策略在技术方面要求较高，实时全景视界所涉及的技术层面会更广一些，需要为用户呈现身临其境的表现力以及整体层面的趣味性。当然我们相信随着技术的进步，无论是真实世界的表现还是虚拟全景的塑造都不会是难题。

### ◆ 隔空动作触控：延伸触觉

跨屏互动广告要想吸引更多消费者，增强其在触觉方面的体验也是非常重要的内容。通过延伸触觉，使消费者的肉体和神经系统得到力量和速度上的传递，并感受到更有趣味的人机互动。

比如微信的“摇一摇”功能就将消费者在心理和生理方面渴求执行动

作的需求释放出来。延伸触觉策略可以使消费者在虚拟互动中体验到更强的满足感和愉悦感。

TNT功能饮料创立的双屏互动活动网站就满足了消费者体验逼真虚拟拳击的愿望。消费者可以通过跨屏连接将手中的移动端变为拳头，每次出击都可以获得实时的力度数据展示以及被击者倒地之后的效果。在生活压力如此之大的社会，借此来发泄生活压力并从虚拟拳击中获得快感和成就感难道不是吸引消费者认可跨屏互动广告的方式吗？

可口可乐公司曾设置过“Chok！Chok！Chok！”活动，这项互动案例在世界移动通信大会夺得“最具创意移动应用”和“最佳移动广告或营销”两项大奖。广告形式非常简单，消费者在移动端下载可口可乐“COCK奖”APP，在电视或电脑出现可口可乐广告时将手机靠近电视，广告中的特定音效会引发手机震动，与此同时，用户用力摇晃手机捕获瓶盖，在广告结束之后用户可以将瓶盖的奖品进行兑换。

虚拟摇瓶盖的广告活动使消费者从视觉感受延伸到触觉感受，既为消费者带来了前所未有的动感，也使“Chok”广告受到了消费者的热情追捧，从而实现了品牌推广。

操作简单易行是执行隔空动作触控这项策略最需注意的问题，消费者在生活压力之下更渴望简单、原始的释放动作；同时还要在整个触觉延伸过程中使用户感受到力量与速度的完美融合，甚至要带上某种能使用户产生共鸣的含义，如“抓”“击”“摇”等。当然该项策略的施行也面临着诸如测量每个动作的力量值、完成时间、完成速度等要求动作感应精准度的问题，这就需要在技术层面进行深入研讨了。

### ◆ 品牌游戏娱乐：延伸心智

在信息爆炸的时代，人们对那些无孔不入的广告已经产生了逆反、排斥、甚至是厌恶的心理，跨屏互动广告要想真正吸引消费者的眼球，就要将广告做得不像广告。其中最主要的方式就是为消费者提供游戏化体验，制作品牌游戏，使消费者在游戏娱乐中放松警惕，以更为轻松舒适的状态在无形中接受品牌广告。

卡萨帝品牌推出了拥有双温区与物联网 Wi-Fi 功能的“博芬物联网智能双温区酒柜”，为此设计了名为“酒柜遥控器”的 PC + 手机的跨屏互动游戏。上下广告位模拟双温区，用户可以在广告中扫描二维码之后控制广告中上下酒柜的温度，由一位美女增减衣服的视频来展示温度变化。

该项游戏就是为了让消费者在互动中记住产品的双温区和手机遥控功能，事实上通过电视与手机的跨屏互动、美女模特表现温度变化以及手机调解时展示的广告状态和提示语，卡萨帝智能双温区酒柜的卖点已经准确无误地传达给消费者了，使其在放松心智进行游戏互动的过程中加深了品牌记忆。

品牌游戏的设置找到品牌或产品特性与游戏设计的契合点是最关键的问题，比如多乐士的刷墙游戏准确无误地展示了多乐士的主打功能、卡萨帝的双广告位就模拟了产品的双温区特性，只有品牌游戏紧扣产品特性才能够使消费者在体验过程中准确感受到产品的用途，在轻松愉悦的状态下接受产品。

当然品牌游戏娱乐也要增强趣味性和个性，只有形象生动的体验才能发挥更大的说服作用，没有特色的品牌游戏只能是游戏而无法展示产品特性或品牌理念，消费者最终记住的只能是游戏而非产品。

### ◆ 悬疑元素吸引：延伸心理

人们喜欢以自己的好奇心去探求一些新鲜事物，只有出其不意才能够吸引消费者的注意，比如现在非常火爆的密室逃脱游戏正因其未知而大受玩家欢迎。在发现悬疑之后追求真相是每个人潜意识里的观念，当人们被这种悬疑元素吸引并主宰自己的行动时，其心理就获得了无限延伸。

跨屏互动广告中加入悬疑元素可以激发消费者的好奇心，使其在整个行动过程中潜移默化地接受产品或品牌。当然悬疑元素的加入并不是简单展示从设悬到解悬的过程，而是由用户自己承担解悬的角色，使用户可以亲身参与整个悬疑广告当中来寻找线索，使其在破解过程中加深品牌信息的记忆。

美剧《猫鼠游戏》的推广广告就是基于原剧的破案故事所打造的悬疑广告。广告主在 iPad 端投放了富媒体广告，消费者可以通过拖拽广告中的框来寻找线索，找到这些意想不到的线索之后就可以破案。消费者在挑战悬疑游戏的同时接受了美剧《猫鼠游戏》。当然这个案例仅在 iPad 屏上进行，若是能改装为 PC 端与移动端的跨屏互动广告，将会得到更多消费者的青睐。

悬疑化设计值得广告主们的借鉴，将悬疑元素与游戏策略相结合甚至会得到更好的效果，比如设置关卡，用户在找到线索之后才可以进行下一步操作。当然悬疑化策略与游戏策略一样，毕竟不是大型的网络游戏，要以简洁精练取代错综复杂，使消费者可以在获得成就感的同时得到完整的产品或品牌信息。

### ◆ 奖励机制刺激：延伸情绪

奖励机制是当前众多商业推广采取的主要方法，对于提高跨屏广告的公众参与度来说，实行奖励机制也是行之有效的方式之一。鉴于消费者的个性或接受程度的不同，奖励机制又分为积分兑换奖品、会员奖励、参与抽奖等多种形式，消费者因奖励而受到情绪刺激，购买欲增强。

多乐士的跨屏互动活动“一百万个多彩开始”就是根据自身的产品特性所组织的具有奖励机制的活动。用户可以参与互动游戏实现剧情反转，同时可以根据涂刷面积所获得积分兑换真实的“家易涂”服务面积。消费者可以在参与趣味性游戏的过程中获得积分奖励，既宣传了品牌产品，又实现了用户忠诚度的维护。

泰国 711 声音识别跨屏互动也是采用了相同原理，消费者在下载 7—e-

的片头或者中间位置，很多用户抱怨这样影响他们看视频，排斥采用这种方式的营销。

为了解决这个问题，一部分贴片广告允许用户自主选择是否观看，如优酷允许用户跳过广告，这确实使用户的抱怨减少了，但是也使广告的到达率有所下降。

### ◆ 思路2：原生

★ 例子：凤凰、腾讯、雅虎、Sharethrough、优酷、搜狐

★ 方式：融合植入

★ 优点：形式新颖、用户体验好、排斥性降低

★ 不足：营销创意难度较大

与之前的广告宣传方式相比，原生广告和网站结合起来，这样能够使信息传播更具针对性，能够发挥更大的影响，用户也不容易产生排斥心理。通过视频营销方式呈现出来的营销广告，与贴片插播和传统的横幅广告有很大的区别。它突破了之前的广告形式。

最早应用原生广告的是Sharethrough，它把一系列品牌视频广告信息以新颖的形式呈现出来，还与专业的设计团队联手，致力于增强视频的吸引力，并提高针对性。另外还有一些典型的例子，如搜狐出品的各种类型的视频、优酷原创的微电影、腾讯原创的视频节目、凤凰网的话题广告、福布斯的“BrandVoice”等。

### ◆ 思路3：互动

★ 例子：三星、谷歌、微软

★ 方式：互动推广

★ 优点：互动性好、用户反馈效果好、能够进一步延伸

★ 不足：技术水平有待提高

依据美国互动广告局的划分，网络锁视频互动广告包括的分类有：覆

盖广告、交互广告、伴随广告及邀请广告等。

谷歌把移动端作为切入点，用户可以在手机终端观看互动视频和互动插入式广告内容。除了投放服务之外，谷歌向第三方提供了相关的开发程序，这样广告商就能够更加清楚接收端的网速状况和屏幕分辨率，这样他们制作出的广告才能令用户更加满意。比较典型的还有苹果在游戏里呈现出的互动广告。

### ◆ 思路4：UGC

★ 例子：优酷、PPS、Youtube、腾讯、爱奇艺

★ 方式：原创视频

★ 优点：让用户占据主动地位，倡导即时发挥

★ 不足：没有建立明确的营销闭环

UGC 是 User Generated Content 的简写，指的是客户或者用户把自己即时发挥创作出来的视频，发布到网络平台上供其他用户观看。

一些视频平台经营者采取各种各样的方法来运用这种营销方式，如优酷的拍客频道、爱奇艺的“啪啪奇”、腾讯的“V＋原创”、PPS 的“爱频道”等都是其中的代表。它们方便了用户进行视频创作和上传，视频营销很可能将今后的重点放在移动端的 UGC 发展上。

### ◆ 思路5：大数据

★ 例子：爱奇艺、腾讯、PPS、百度

★ 方式：掌握用户行为特征

★ 优点：提高针对性、突破平台限制、实现多终端应用

★ 不足：没有统一的整合标准

如今，大数据技术的发展逐渐加速，视频网站向用户提供的信息在质量方面也不断提高，这为广告营销主体带来了更多的便利，把品牌信息融入视频内容也提高了营销的影响力。

一些比较知名的视频网站，如腾讯视频、优酷视频、PPS 在 2014 年就建立了自己的大数据系统并将其纳入发展规划，它们想借助大数据分析技术，了解用户相关的信息，通过熟悉并掌握用户的行为特征，提高广告营销的针对性。

### ◆ 思路 6：社交

★ 例子：腾讯、盛大、新浪

★ 方式：分享扩散

★ 优点：能在最大程度上发挥视频营销的作用

★ 不足：对平台依赖程度高

所谓的社交视频营销，就是制作在当下比较盛行的视频，上传到社交平台供其他用户观看和分享。通过社交方式进行的视频营销还有很大的开发空间。

品牌企业和小规模的电商企业应用社交视频营销的目的是不同的，前者的目的是继续维持消费者对他们的青睐，后者应用社交视频营销是想在高品质产品的基础上成功吸引消费者的关注。

为了配合商家实现其营销目的，视频营销平台采取了各种各样的措施，如腾讯，在明确客户诉求的基础上，采用了“立体触达”“享受型体验”“二次传播”的营销策略，形成视频营销闭环系统，发展成从视频营销切入、通过微博营销和 QQ 空间营销的配合来构建一整套的营销体系。

### ◆ 思路 7：O2O

★ 例子：乐视网和土豆视频

★ 方式：隐性植入、活动配合

★ 优点：线上线下相互配合、充分利用明星效应

★ 不足：效果持续时间短

无论是热播的韩剧《继承者们》，还是《最美和声》《非诚勿扰》等

广受好评的节目，都或多或少地掺入了广告营销，这类营销方式不是大张旗鼓地进行自我宣传，而是以耳濡目染的方式使观众受到影响，最终提高商品的销量，我们可以把这种营销方式叫作“视频 O2O”。

不过这种营销方式容易使观众产生反感，其效果也只能维持短暂的时间。因此，多数视频网站都没有将其作为发展重点，也没有进行过多的实践。不过也有一些商家在窥测形式，等待合适的时机。从调查结果的显示来看，多数视频网站并不急于在这个领域采取强势攻击，它们都采取了保守的方式，小心翼翼地进行着。

### ◆ 思路 8：RTB

★ 例子：乐视、阿里妈妈、土豆

★ 方式：竞价平台

★ 优点：信息详细、针对性强、实时投放

★ 不足：标准建设还有待完善

RTB 是 Real Time Bidding 的简写，也就是实时竞价，随着发展，这种方式会在营销领域中占据越来越重要的地位。视频营销是数字营销的一种，将其归到实时竞价中也无可厚非。网络视频用户流量在一线城市的上升空间已经很小，但在二、三线城市还有很大的开发余地。如果运用实时竞价，就能使二、三线城市的网络视频剩余流量资源得到充分利用。

早在 2014 年，包括乐视、土豆在内的几家视频网站就将建设自己的视频交易平台纳入发展规划，它们想凭借自己的优势进军实时竞价领域。

总结这几种思路，我们可以看出互联网视频营销还要在今后的发展中不断完善。相信互联网视频营销会逐渐得到数字广告客户的重视和青睐，也会在数字营销领域中打下自己的江山。

# 第 4 章　程序化购买：开启数字化广告营销新格局

## 4.1　程序化购买：数字营销的未来主导者

### ◎ 什么是程序化购买？

在移动互联网时代，传统的营销方式被摒弃，新型的营销方式开始深受广告主的欢迎。广告主通过移动营销可以以最低的成本、随时随地地投放广告，可以和消费者进行良好的互动，了解他们的需求，提供差异化、个性化的服务，实现精准营销。

同时，大量的广告主选择了移动营销方式，扩大了移动营销的影响力，并且也促使移动营销公司不断研发新技术，为广告主提供更优质的服务。

移动广告主要是在移动设备上播放的广告，它涉及程序化购买，用程序的方式代替人工操作。那么。程序化购买究竟是什么呢？

程序化购买相比传统的人力购买节省了人力，广告主可以通过互联网平台，按照广告媒体的购买流程自动操作，尤其是 Ad Exchange 的出现使程序化购买代替了传统的广告位购买。

Ad Exchange 是一种为广告主提供交易的平台，通过 Ad Exchange 交流沟通的是广告的买方与卖方，类似于股票平台，但不同的是，股票平台的交易机制是先到先得，而 Ad Exchange 是通过竞价选出价格最优的合作者。为了给广告交易的买方与卖方提供更优质的服务，Ad Exchange 不断地创新，相继推出 SSP、DMP、DSP、Trading Desk、RTB、PMP 等平台。

那么，这些平台有什么作用？又是以哪些群体为服务对象的呢？（如图 4－1 所示）

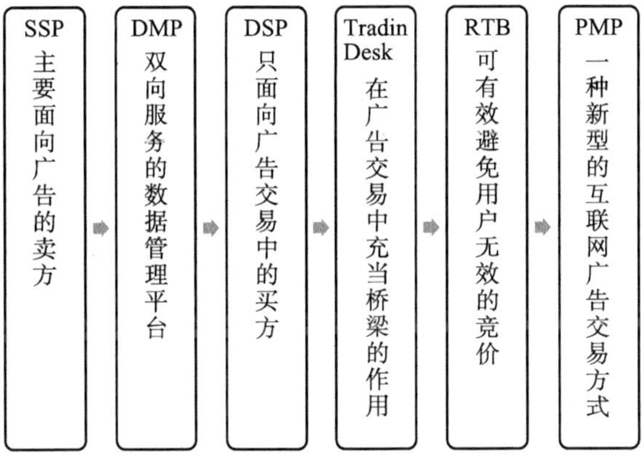


**图 4－1　不同平台的服务对象**

1）SSP（Supply Side Platform）供应方平台

SSP 平台主要面向广告的卖方，它们可以自行管理媒体广告位，并与需求方平台相对应。SSP 平台主要用户优化广告位、展示有效性、展示竞价等。此外，Ad Exchange 还会获取消费者的浏览数据。

2）DMP（Data Management Platform）数据管理平台

DMP 平台不同于 SSP 平台，它是一个双向服务的数据管理平台，广告交易中的买卖双方都可以通过 DMP 平台获得有效数据，从而进行分析、利用，以便在交易过程中，实现自身利益的最大化。

3）DSP（Demand Side Platform）需求方平台

DSP 平台与 SSP 平台类似，都是一个单向服务平台，只面向广告交易中的买方。广告的卖方可在 DSP 平台上设定广告的价位，以供买方竞价，最终选择价格最高的买方。

4）Trading Desk 是广告代理商进行数字化广告投放的工具

Trading Desk 在广告交易中充当桥梁的作用，将多个 DSP 平台对接起来，方便广告交易中的买方和卖方。除此之外，Trading Desk 还能够将多个媒体对接起来，如 Ad Network 和 PMP。

5）RTB（Real Time Bidding）实时竞价

2011 年底，RTB 等词成为人们热议的对象，它是利用第三方技术获取用户的消费记录，从而存储、分析、利用。RTM 可有效避免用户无效的竞价，进而减少工作量，提高效率。

6）PMP（Private Market Place）私有交易市场

PMP 是一种新型的互联网广告交易方式，它将传统的私有交易方式与移动营销相结合。广告交易的买方与卖方不再通过竞价建立合作关系，而是广告主优先抢占优质的媒体广告位，再设计程序自动地管理这些广告的投放，有针对性地向受众投放广告。

## ◎ 数字化广告精准投放时代

2015 年，程序化购买被作为一个议题在中国互联网协会主办的第十四届中国互联网大会上提出，作为一种智能化、个性化的数字营销方式，它迅速成为人们热议的话题，同时也颠覆了传统广告行业的商业模式。

由此，国内外的广告市场掀起一阵程序化购买的热潮，eMarketer 发布了《中国程序化广告购买市场专题研究报告 2015》。报告显示，2014 年中国移动用户增长率高达 11.8%，移动市场需求量增多，同时程序化广告市场规模高达 52.3 亿元，同比增长 141.0%。

2014年，宝洁公司在程序化购买方面所花费的资金占其广告投入的70%，海尔集团也停止了报纸、杂志等传统广告的投放，这些无疑都在预示着，未来将是数字化营销的天下。

程序化购买以其独特的优势满足了广告主的需求，同时也更好地迎合了互联网广告市场的需求，以其覆盖平台广、目标精准、挖掘人群属性和能与用户建立互动这四个优势适应了移动互联网时代的要求（如图4-2所示）。

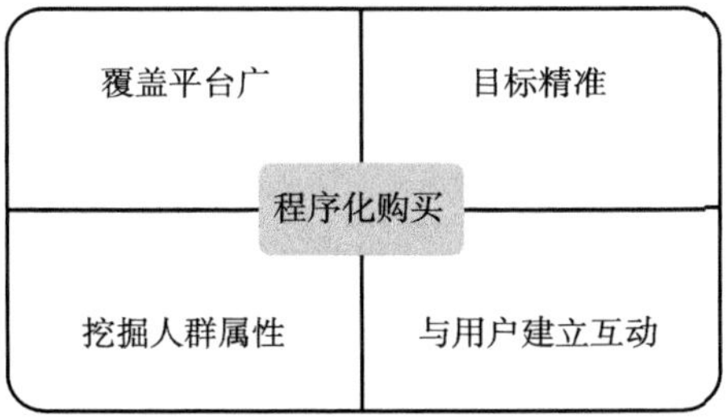


**图4-2 程序化购买的四个优势**

1）覆盖平台广

程序化购买能够覆盖传统的互联网网站、各种移动APP以及商业Wi-Fi网络、微信、微博等平台，跨平台整合多种资源。

2）目标精准

程序化购买以人作为目标对象，通过数据管理平台DMP进行数据分析，能够精准地识别用户，并将其标签化、数据化，将广告投放给潜在的用户，以实现精准营销。

3）挖掘人群属性

随着移动互联网时代的来临，企业可以通过大数据获取更多的用户信息，从而根据用户属性投放广告，提高投放成功率。

4）与用户建立互动

广告行业掀起了程序化购买的热潮，为广告主与消费者提供了交流的平台，广告主可以通过PMP（私有化程序购买）自动生成创意，并投放给消费者，既激发了广告的创意，又满足了消费者的需求，实现良好互动。

## ◎ 程序化广告购买的发展趋势

2002 年底成立的新意互动广告有限公司致力于发展汽车数字营销业务，2011 年该公司看到了大数据分析给互联网广告预计代理业务带来的巨大冲击，公司及时进行了战略调整，将“技术驱动”提升到了关乎公司未来发展的战略高度。

从 2011 年至今，公司不断引入相关领域的人才，扩大研发资金规模，逐渐形成了以易车集团为支撑的汽车大数据平台，其所辐射的汽车受众已经突破 4 亿人。其汽车大数据平台在汽车的品牌、车型、用户的消费偏好等指标上对汽车行业进行细分，实现了以大数据为支撑的精准营销，同时建立了三种不同类型的汽车数据服务平台：一是汽车受众分析的慧眼 Autoinsights；二是汽车受众购买的慧达 AutoDSP；三是汽车受众数据的管理平台 AutoDMP。

近年来，新意互动等专业汽车行业数字营销解决方案提供商帮助汽车品牌客户完成了数字品牌以及营销的程序化购买模式推广，使这些汽车品牌商们享受到了大数据增值所产生的红利。

就目前看来，程序化购买呈现出以下几个发展趋势：

1）品牌广告程序化

有一些广告主认为程序化购买所产生的精准广告，在以达成广告效果为主的广告投放领域能发挥更好的效果。但是，程序化购买的本质为利用大数据技术，实现每一个广告受众所接收广告的个性化以及定制化，广告被赋予了消费者所需求的价值，这和以程序化购买方式去打造数字品牌并不矛盾。

对于品牌来说，它既不愿意直接购买电视广告，也不愿意投入大量的精力去做程序化购买。最理想的方案是将广告技术与数据应用有机融合起来，共同为自身的营销提供服务。因此，品牌为了拥有对产品营销的控制权，也开始从事程序化购买，通过创新研发出新技术。通过与程序化平台建立契约伙伴关系，以拥有更多的掌控权。

2）交易市场私有化

程序化购买的市场规模逐步增大，竞争也日趋白热化。一线媒体开始尝试将自身的优质广告资源拿到程序化购买市场进行交易，但是这些优质资源需要和市场上已经存在的大量的长尾流量进行竞争，这对于一线媒体来说是难以接受的，所以它们的资源通常会在私有交易市场完成交易，这样可以获得较高的利润。

比如腾讯旗下的广点通，依托腾讯平台海量的广告资源以及用户的信息数据进行程序化售卖就是典型的案例。

3）在欺诈和可视化等问题上的进步

目前，欺诈和可视化是广告行业最为关注的问题，整个行业只有正视这些问题，在日后的发展中，才能够有效规避。

近两年，政府逐渐开始出台针对这些问题的规范以及政策，而企业在遵守规范的同时，也要提前预测风险，及时做好应对安排，从而增强对行业的信心。一些组织如IAB和ISBA也会针对这些问题出台自己的规范。

4）线下和线上评估合二为一

进行数字营销最理想的状态就是线上和线下有机融合在一起，共同促进数字营销的发展。2015年正是网络世界与现实世界紧密联系的一年，信用卡和会员卡公司等实体公司可以通过与Datalogix和Dunnhumby等数据分析公司合作，将消费者购买商品的消费记录以及客户信息提供给他们，从而实现数字化营销。

5）跨设备营销成为趋势

随着移动互联网的发展，传统的互联网正被逐渐取代，同时消失的还有以统计和概率预测为基础的跨设备定位。2015年，谷歌和Facebook也针对互联网市场的变动采取了新的措施。

越来越多的广告主和 DSP 都开始构建自己的跨设备广告堆栈，可以自行追踪用户，而无须依托 cookie，这种广告模式吸引了更多的品牌加入。产品在进入市场参与竞争之前，可以参考其他产品的营销方式，从而实现精准营销。

6）程序化购买的媒体类型更加多样化

程序化购买市场的媒体类型在不断地增加，未来将会有更多的非互联网媒体加入程序化购买的产业之中。凡是受众可以被追踪、测量的媒体，都可以实现程序化购买，比如刚刚兴起的互联网电视。

程序化购买将会带来互联网广告的全新变革，传统的互联网广告产业布局将会发生新一轮洗牌，在这之中会迸发出大量新的机遇，但是机遇历来都是与挑战并存的，只有那些敢于挑战、变革传统思维的媒体人，才能在这场行业的变革中创造属于自己的一片辉煌。

7）移动程序化购买

根据 IAB 数据显示，2014 年，30% 的程序化购买广告支出用于移动互联网客户端，并且大部分的支出都是由应用程序下载业务推动的。随着程序化购买的发展壮大，跨设备定向也成为现实，广告营销将依托于非移动业务实现更大的发展。

纵观目前的市场发展态势，程序化购买已开始成为各个广告主在数字营销领域的首要选择，但在其发展的过程中，也存在一些弊端。而随着新的技术以及管理方式的产生，程序化购买将会在移动互联网时代蓬勃发展，展示出更多的发展潜力。

## ◎ 广告主如何拥抱程序化购买？

随着程序化购买成为广告行业的发展趋势，对于广告主来说，又该如何应对，以抓住商机？（如图 4－3 所示）

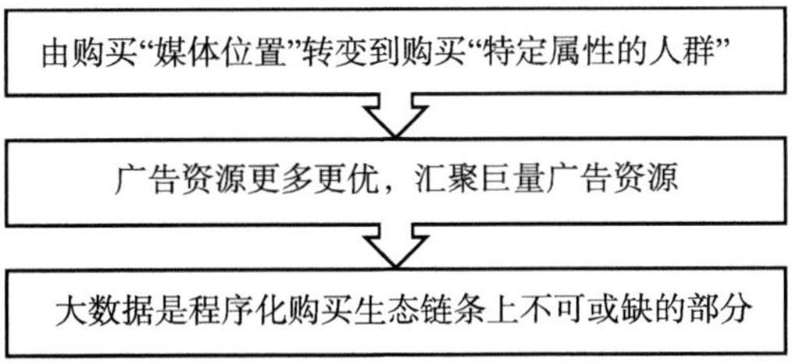


**图4－3 广告主应对程序化购买的三个关键**

### ◆ 由购买“媒体位置”转变到购买“特定属性的人群”

传统的广告投放模式是借助于报纸、杂志等传统媒体，通过购买媒体位置实行广告投放。即使广告主在投放广告之前就经过了谨慎的思考，选择一些目标受众经常浏览的媒体，但还是会将广告投放给那些非目标受众，既浪费了资金，又没有实现精准投放。正如一些广告主常说的那样“我知道广告费有一半被浪费了，但我不知道被浪费的是哪一半”。

而程序化购买则能有效避免这一劣势，将“特定属性的人群”取代“媒体位置”，这意味着广告主可以通过精确分析，自主选择目标对象，从而实现精准投放。

与此同时，广告网络公司也在积极向DSP和SSP等方向转型。通过定向技术，确定目标人群，再与自身所拥有的媒体资源有机融合，参与国内DSP市场的竞争。

### ◆ 广告资源更多更优，汇聚巨量广告资源

随着程序化购买进程的加快，交易平台的壁垒也被打破，越来越多的优质资源可以自由出入。

2012年，在艾瑞排名前一百的网站仅占8%的流量，而到2014年已达到78%，并且这78%的流量仅来自艾瑞排名前十的网站。新浪、腾讯、搜狐、优酷、爱奇艺等门户网站也将自己的资源放到交易平台上出售，RTB

广告主可通过竞价获取资源。

近几年，随着高新技术的产生，程序化购买市场也蓬勃发展起来。媒体对接、算法、数据验证、流量管理、实时请求响应等为程序化购买提供了技术支持，而产业链的完善又从实践上驱动程序化购买的发展。品牌广告从移动全屏、插屏、开屏、视频广告、电商广告等方面为其提供全新的广告营销方式，以吸引更多的广告主；本地广告主则主打本地消费市场，通过数据分析，实现精准投放，吸引更多的消费者到店消费，提高产品的销售量，进而提高营销成功率。

### ◆ 大数据是程序化购买生态链条上不可或缺的部分

程序化购买的顺利实施离不开大数据的支持，而“跨屏”和“大数据”则是程序化购买的两大关键词。

2015 年跨屏多屏程序化购买市场获得了新的发展，其体制机制也将逐步完善，契合市场的需求。企业可以利用程序化购买提供的跨屏技术，实现精准投放；同时跨屏技术也会催生出新的数据，为广告主提供更丰富的资源。

无论是传统型企业还是创新型企业，在实施程序化购买时，都需要通过大数据平台制定一个长期的战略决策。如建立数据库，并用以收集数据和分析数据，充分利用有用的数据，摒弃无用的数据，最终为用户创造价值，提升广告创意。

随着经济的发展，程序化购买越来越引起品牌广告主和代理公司的重视，同时也在改变着传统广告市场的商业模式。程序化购买正逐渐步入成熟阶段，抓住市场机遇，企业可以获得更好的发展。

# 4.2 从概念到价值：一场势不可当的营销变革

## ◎ 互联网巨头的营销新战场

中国互联网的发展历程与高新技术的产生及发展息息相关，随着移动互联网客户终端的出现以及智能硬件的产生，我国已进入移动互联网时代，互联网行业的运营模式也发生变化，由网页方式转向大数据模式。在移动互联网时代，大量的企业和平台开始利用互联网大数据为用户创造价值，满足他们的长尾需求。

Google、亚马逊等国外门户网站在利用云和大数据方面为同行提供了值得借鉴的经验，国内的三大互联网巨头——腾讯、百度、阿里巴巴也在积极利用大数据为用户创造价值。

2015 年，由 RTB 发布的 2015 年度《中国程序化广告技术生态图》显示，我国的互联网相关企业在云和大数据运用领域发展迅猛，正逐渐缩小与世界主流的差距，以 BAT 为代表的互联网行业以及第三方程序化广告技术的发展成熟，将在未来发挥更大的作用。

### ◆ 程序化购买趋势成潮，或引领未来营销

互联网行业的发展离不开大数据提供的资源支持，通过大数据，互联网行业可以精确把握市场动态，抓住商机。同时，大数据对于移动互联网

的发展也起着举足轻重的作用，影响着企业的运营方式、产业模式。

2015 年，在中国互联网协会主办的第十四届中国互联网大会上，程序化购买也被作为一个议题提出，移动化、数据化和程序化被认为是未来营销领域的三大趋势。三者之间联系密切，相辅相成，共同促进互联网行业的发展。其中，移动化是时代发展的必然选择，数据化是由传统方式转向大数据模式的拐点，而程序化则是未来营销领域的不二选择。

2015 年 3 月，腾讯广点通发布 DMP（Data Management Platform），试图通过建立数据平台，将用户和信息连接起来。

腾讯自身所具备的雄厚实力为其搭建数据平台提供了保障，而 DMP 平台又能够发挥自身的优势，对腾讯形成反作用，促进腾讯的发展。综观互联网行业，DMP 的建立能够为企业的发展提供数据平台，获得信息优势，从而由理论转向实践。通过程序化购买，形成一个双向互动的发展网络。

### ◆ 程序化广告的群雄逐鹿时代

随着移动互联网的发展，新的营销方式也随之产生，数字化、智能化成为营销领域的主流，为用户提供了更具个性化和人性化的服务。而越来越多的用户也开始将程序化购买作为数字营销的首要选择。除了腾讯推出 DMP 平台之外，百度和阿里巴巴等互联网巨头也纷纷抢占数字化市场（如图 4－4 所示）。

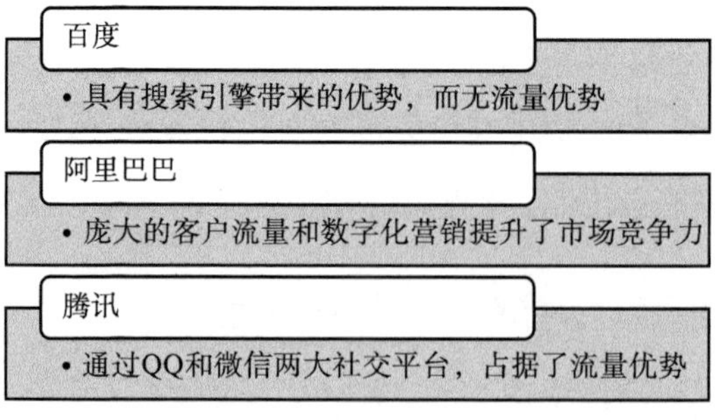


**图 4－4　BAT 三巨头在程序化购买方面的特点对比**

1）百度

百度在利用其搜索引擎获取充足的数据之外，也利用广告投放获取用户的信息，以丰富自身的数据库。因此，与其他的互联网企业相比，百度在程序化购买方面更具竞争优势。但是，百度的程序化购买方式完全依赖于百度搜索，在一定程度上也限制了数据营销的规模化和独立性，无法拥有流量优势。

2）阿里巴巴

阿里巴巴是我国电商领域的巨头，通过发展电子商务，阿里巴巴获取了用户的信息，并凭借其庞大的客户流量和数字化营销提升了自身的市场竞争力。但是，阿里巴巴的数字营销只局限于电商领域，因而还不能全面地进行程序化购买。

3）腾讯

与百度和阿里巴巴相比，腾讯最大的优势在于其通过 QQ 和微信两大社交平台，占据了流量优势，QQ、QQ 空间、微信、腾讯网络媒体、手机分发平台等都成为流量入口。这一流量优势是其他同行可望而不可即的。此外，腾讯作为社交网络平台，能够利用自身的优势将“流量对象”与“用户对象”有机融合在一起，进而进行程序化购买。

企业进行数字营销，除了要具备流量优势之外，还需要构建良好的程序化购买平台，以实现用户与信息的对接，从而保证数字化营销的顺利进行。

程序化购买平台在企业的数字营销中发挥着重要作用，缺少这种机制，将阻碍数字营销平台向精准化、规模化的方向发展，从而制约企业的发展。而腾讯的广点通就可以有效避免这些缺陷，通过社交网络、移动互联网平台以及媒体等渠道，打通用户与信息之间的界限，实现数字化营销。

### ◆ 腾讯程序化发展之路：合纵连横

随着程序化购买热潮的来临，各大企业都在积极布局数字化市场，以便及时应对市场动态。

1）广点通从纵向和横向上进行布局

★ 在纵向上，通过建立 DMP、GDT Ad Exchange（广点通程序化交易平台）平台，使用户与信息对接，并使程序化购买的各个环节都通过这些平台运行，以此将广点通打造成一个双向互动的生态型网络，为用户创造价值；

★ 在横向上，则与其他企业建立战略合作伙伴关系，通过 GDT Ad Exchange 平台与亿玛、品友互动、智云众等企业以契约的方式联系起来，扩大广点通的经营范围。

2）腾讯的两大社交平台，为广点通提供了庞大的用户和流量基础

腾讯庞大的社交平台提升了广点通自身的市场竞争力，从而为用户提供全方位的服务（如图 4－5 所示）。除此之外，程序化购买的营销方式，使用户体验到更加智能化和个性化的服务，同时又降低了广告主的生产成本，实现精准营销。

图 4－5 广点通的优势

3）广点通以DMP平台为基础进行程序化购买，抓住了市场先机

在移动互联网时代，增强了广告主自身的竞争优势。从行业发展规律可以看出，广点通开了在移动互联网时代以程序化方式购买的先河，以其富有创造性的管理方式和经营理念遥遥领先于其他同行。未来，广点通将以“移动化、数据化、程序化”作为自身营销的发展方向。

与其他营销方式相比，广点通具有巨大的优势。它不仅能为广告主提供多样化的展示广告的渠道，同时也为用户提供了极具个性化和智能化的服务。而随着这种营销方式逐渐得到各个领域的认可，在未来还将有更广泛的发展空间。

同时这也意味着，随着移动互联网时代的来临，以三大互联网巨头为代表的互联网行业也将改变商业模式，转向移动数字营销，以此应对市场的变化。

## ◎ 程序化购买的价值在哪里？

随着数字广告的迅猛发展，程序化购买进入了大爆发的时代。传统媒体的投放思路随着程序化购买的发展而改变。广告平台投放方式正在不断地更新升级，在未来，程序化购买势必会成为进行广告支付的主要方式之一。

而如今，移动广告逐渐成为广告营销所要关注的关键领域，那么程序化购买在移动广告方面究竟能有多少价值？能起到多大的作用？接下来我们就移动程序化交易的发展进行深入探讨和分析（如图4－6所示）。

从2011年到2016年，移动广告已经走过了大约五年的历程，其市场规模飞快地扩大，发展速度不容小觑。2014年可以看作是移动广告程序化交易正式步入发展的元年，而在2015年程序化采购成为移动营销的标准配置，有移动营销的地方就会有程序化采购。统计数据表明，程序化交易将在未来三年之内占据移动展示广告市场的40%以上，我们将会看到又一个百亿级市场的诞生。

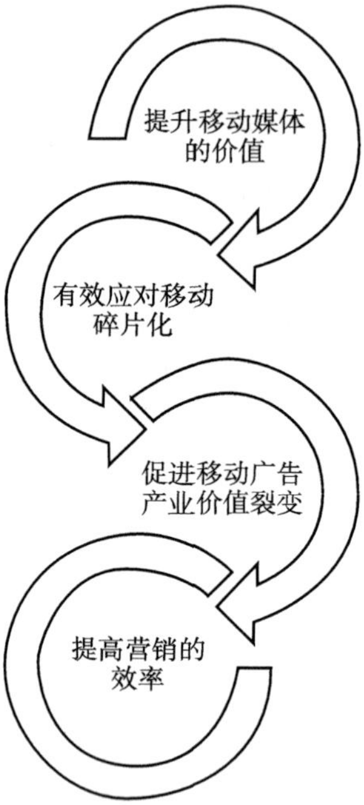


**图4-6　移动程序化购买的主要价值**

美国的数字化展示广告一直是其业内占比很大的部分，而美国的广告商2015年在程序化购买数字展示广告上将要支出的金额高达148.8亿美元，比2014年增长47.9%。据eMarketer预测，这个数据在2016年还会增长37.6%，规模达到204.1亿美元。这意味着程序化购买在美国广告支出中所占比例高达63%。

### ◆ 提升移动媒体的价值

好的品质能够吸引更多的顾客，这一条定律在广告传媒界同样适用。从品质方面来说，程序化交易对移动媒体从“量”和“质”上同时进行提升，使其更能够得到大量的广告主青睐。

1）程序化交易首先可以提升移动媒体的竞争价格

竞争价格好比一张“名牌”，通过私有化交易，打造一张闪闪发光的名牌，使得与好的广告主实现优质匹配、长期依赖。移动媒体一直存在诸多问题，例如回款周期过长、广告不稳定、匹配度和精准度不高等。而程序化交易可以很大程度上减少不必要的失误，解决广告市场上长久存在的困扰。

2）用程序化交易代替人为交易改变了交易的性质

程序化交易会极大提高交易过程中双方的安全感，从而将更多的精力投入到提高精准度和匹配度等方面上去。这样一来企业之间的交易行为被程序规范化，削弱了恶意竞争的可能性，对行业起到了净化的作用。

3）程序化购买的加入使得购买固有广告位的效率大大提升

固定广告位资源与程序化交易相结合，同步提升了媒体的产出效率。程序化购买在某种程度上可以对搜索产生反作用，它会引导用户进行搜索从而加深其对信息的印象，搜索之后又会直接对用户进行刺激完成购买行为。

### ◆ 有效应对移动碎片化

据调查显示，80%的用户在移动互联网上的行为都是发生在APP上，只有15%是通过移动端浏览器来实现的。原因很简单，在移动端浏览器上的浏览效果并不能尽人意。原本在PC上广告标志醒目，信息量大，但换到“小屏幕”就很难做到，广告信息并没有足够的空间。这一问题也是广告业内长期存在的一个问题。

所以，在移动碎片化已成趋势的现在，需要程序化购买的加入来增强广告投放的效果。要想在屏幕之间真正实现“跨屏营销”，绝不是在PC端和移动端同时投放广告信息就能解决的，而是要在屏幕之间实现完整的信息追踪，达到互补的作用。

### ◆ 促进移动广告产业价值裂变

价值的增长是容易出现极限的，在横向上产生裂变才能够促进价值的不断衍生。以手机移动端为例，经过几年的发展与沉淀，整个产业的价值链不断完善，客户对RTB实时竞价等能够对准目标用户的广告投放方式越来越关注，开放资源也越来越多，基本在一个季度能够实现100%的增长。

从这一态势来看，手机移动端的价值已经基本被认可，但是对于大多数品牌客户来说，其存在屏幕大小局限的问题，用户仍旧停留在简单购买的阶段，无法衍生更多的价值。而程序化购买的加入可以帮助其进行规模化广告资源的输出，促进产业价值的裂变。

### ◆ 促使营销人员转移重点，重视效率

从目前的发展阶段来看，营销人员的关注重点应当放在“效率”上。时间的推移意味着利益的逐步叠加，无论是买方还是卖方都必须把整个过程踏踏实实、一步一步地走好，并且相信长期利益的累积和移动程序化配合所产生的效果。

营销人员的重点不应当是试图建立起一个无缝衔接的平台之间的整合，而应当把重点从网页中转移到私人移动程序化上，只有这样才能真正抓住提高效率给营销带来的好处。

## ◎ 揭秘未来程序化购买生态链

移动化购买在未来有自己明显的发展目标，其发展趋势也就是朝着这一目标不断前进的过程，那就是“通过不同的产品来满足广告主不同的需求”。

### ◆ 可独立可组合的完整产品线

移动程序化购买在新的时期呈现出崭新的面貌，它可以通过平台进行优质内容的程序化直投，提高投资回报率，对广告内容、广告形式等各方面进行全面优化升级。

这些产品内容组成一条完整的产品线，不同的内容可以拆分进行独立投放，也能够组合起来发挥“1+1>2”的价值，不同形式和内容的不同组合确保能够满足不同广告主、开发商等客户的需求。

### ◆ 程序化购买与用户体验有效结合

如果把移动化购买完成的过程比作是一场约会的话，那么移动购买公司就是这场约会的中间人，他负责对广告主和消费者进行引见，确保双方“门当户对”，之后再坐下来进行沟通。

在这时候，企业的运营就起到了至关重要的作用。倘若有广告用户“很合眼缘”而立刻下单的话，那么这期间就是宣传页面、传播内容、促销方式等多方原因共同产生了作用。而对于广告主来说，移动购买公司这个中间人的选择也很重要，帮助他在广告市场上持续生存和发展。

### ◆ 广告主转移大部分预算到移动程序化购买上

2015 年是移动购买实现爆发式发展的一年，其规模获得急剧扩大。尽管如今很多广告主依旧把其大多数预算放到传统的广告位置上，这使移动程序化购买在整个广告市场上占据的份额还有限。但不可否认，数字媒体高速发展已经引起了广告主的注意，他们的大部分预算最终会通过移动化程序化购买来实现，这也就相当于把大部分预算转移到了移动程序化购买上。

数字媒体对广告营销的贡献在于追踪了解用户在网上的行为数据，以此为根据按照习惯和喜好对消费人群进行分类，从而有针对性地投放广告。而此后手段的不断优化和升级使广告信息传播更加准确和具有针对性。

因此数字化媒体都是可以实现移动程序化购买的。这就为移动程序化购买的实现和发展提供了理论和实践依据。

### ◆ 进一步加快标准化进程

在定向方面，每一个互联网广告平台都应该提供给使用者一些特别的定向条件，比如设备、运营商、移动 APP 类型、人群等。

但现在这些定向条件并不完备，各个平台所传递的信息并不完整，有的缺少经纬度，有的缺少针对人群等，这样的标准化还需要一段时间来完成。在未来标准化的路途中，互联网广告平台需要对不同的移动交易平台进行有效协调，以确保能够充分利用其流量。

### ◆ 通过 RTB 来进行广告的投放引起了更多的注意

2013 年和 2014 年上半年，移动程序化购买的主要客户都集中于手机游戏和手机 APP 的下载安装。这对于整个营销生态系统来说其实是有些失衡的。但从 2014 年的下半年开始，客户类型明显增多，许多电商和 O2O 平台也开始加大了移动广告的投放。

经过一年左右的市场发育，通过 RTB 实时竞价进行广告投放引起了越来越多品牌广告主以及他们代理机构的注意。未来几年，无论是客户类型还是移动广告的投放比例都会进一步增加，不断调节移动生态系统，促使其朝着更加均衡的方向发展。

### ◆ 商业化帮助移动程序化购买突破行业内循环

近几年，品牌广告对其品牌媒体进行直接程序化购买的方式在国内打开局面。这一途径有利于引导 PC 端的视频、Banner 等媒体资源向移动程序化购买上流动，从而促使其健康发展。在这个过程中，互联网广告平台可以就技术方面收取一定的费用。

未来，移动程序化购买的发展会更上一层楼。而电商客户、品牌客户和移动行业内的客户会共同推进移动程序化购买稳步健康地发展。

### ◆ 交互行为要求营销更加深入和精准

跨媒体的营销发展已成趋势，那么如何通过移动程序化购买与受众之间形成更加深入和直接的交流变得尤为重要。那么，在未来几年广告主极有可能通过移动程序化购买与原生广告等多样化形式之间的配合来与品牌受众形成精准、有效、深入的交流。

### ◆“可视化”保障广告的后续曝光效果

互联网数据的虚拟和不可见一直是互联网行业的痛点之一。因此，Google 推出了“可视展示”和“触达”来分别监测广告是否被用户看到和是否精准推送到了恰当的用户面前。这一方案具有极强的实时性，使得广告主可以及时了解其广告效果，而非过一个时段才能收到反馈数据。

因此可以看出，“可视化”广告能够保障广告后续的曝光效果，这也势必会成为程序化购买在未来发展的目标和趋势之一。

### ◆ 开启跨屏程序化购买新模式

跨屏整合的概念点燃了信息传播新局面，如今这一理念也被程序化购买所引用。未来，跨屏技术将继续得到提高，但是跨屏识别的质量依旧不一，尚未有一个明确的标准，数字营销公司的能力也有所不同。

此外，对大数据进行挖掘和分析的技术还尚待提高。因此移动程序化购买技术会有改善，但还远不能达到完善的标准。

## ◎ 程序化购买需要解决的三个问题

大数据应用与广告技术的快速发展，在互联网广告行业催生了一种新型的购买方式——程序化购买。以往参与互联网广告的广告主、媒体、代理商、消费者之间形成了一个完整的广告产业价值链，利益驱动下各方携手努力，在十几年的时间里互联网广告产业经历了一个飞速发展的黄金时代。

从本质上来说，这种新型的购买方式和传统的广告并没有区别，都是在特定的时间、特定的区域按照一定的价格所发生的行为，投放之初投放的结果便已经确定，广告受众的选择一般只是根据所选用的媒体类型以及以往的统计数据来确定，从某种角度来说，广告行业的发展只是一种传统的广告受众从传统媒体步入数字媒体所产生的红利。

但是，从2015年7月CNNIC发布的统计数据来看：截至2015年6月，我国网民数量达6.68亿，互联网普及率为48.8%。国内网民的增长速度开始放缓，相应的红利增长速度也开始放缓。

得益于计算机技术的快速发展，互联网广告的受众已经可以被统计并对其进行追踪。大数据技术的应用使广告投放商们可以得到用户的数据模型，并借助实时传播的互联网向用户发送广告，这样可以针对同种类型的用户设计个性化以及定制化的广告，进一步提升用户体验，从而实现最佳的广告投放效果。

程序化购买对整个行业的价值链产生了巨大的影响，而且随着产业规模的扩大，更多的数据服务商以及广告公司会加入这个价值链中，逐渐完成产业的改造与升级。程序化购买所带来的变革之下，无论是传统的参与主体还是新的加入方都有自己相应的位置，但是各方必须紧跟时代步伐，以一种全新的思维方式去拥抱变革。

程序化购买在国内经过几年的萌芽期，现在已经进入一个相对的快速成长期，但是仍有许多亟须解决的问题存在（如图4-7所示）。

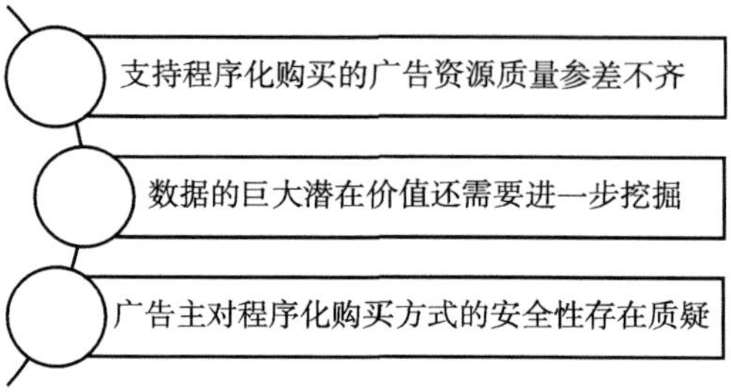


**图4-7　程序化购买存在的三个主要问题**

### ◆ 支持程序化购买的广告资源质量参差不齐

RTB实时竞价模式是最早在国内开始应用的程序化广告模式，当下的广告交易市场中的资源主要产生于中小媒体公司的剩余流量（无法变现的广告资源）以及长尾流量（长尾关键词所带来的流量），众多的优质资源还是在以传统的方式在供需方手中进行交易。

RTB 模式会使广告的效果有所提升，但是还远远不能达到广告主所要求的效果，而且 RTB 模式会引发价格以及广告位的不确定性，一些有实力的大型广告主对此还持观望态度，所进行的投资十分有限。

以 PMP（私有市场交易）模式为代表的私有广告交易形式的出现，使众多的广告资源得以进入程序化购买产业之中，一些大型的品牌广告也逐渐开始以程序化购买的方式向消费者投放广告。

### ◆ 数据的巨大潜在价值还需要进一步挖掘

大数据分析需要进行数据的收集、筛选、处理、分析、发掘、应用等，是一个比较复杂的过程，对于相关从业者的技术以及经验积累要求较高，业内的相关机构人才培养需要经过一个比较漫长的时期。

信息交换、交易体制的发展尚不成熟，各方所掌握的数据整合并未达到能够完全发挥出整体价值的程度，价值的增值十分有限。这些问题导致数据所蕴藏的潜在价值还有很大的一部分没有挖掘出来，而且线上与线下的数据整合、跨屏追踪技术的应用都能够使更多的数据潜在价值得到释放，使程序化购买中可以运用的数据规模可以发生一个质的飞跃。

### ◆ 广告主对程序化购买方式的安全性存在质疑

程序化购买是一个整体的自动化交易模式，对于多数人来说就像是一个黑盒子，在程序购买的发展中难免出现一些为了追求短期利益而违背道德与法律的行为，使一些广告主对程序化购买广告的安全性存在质疑，这给整个产业的发展带来了极其恶劣的影响。

这三方面的问题对行业的发展形成了阻碍，但就整体而言程序化购买还是处于一个快速发展期，业内对其发展的形势普遍看好，预计未来三年将会继续保持年复合增长率 70% 以上的发展势头，一个新生事物在发展过程中遇到问题是很常见的，新生事物的发展就是在不断的挫折中前进，最终走向成熟的。

## 4.3 大数据时代的程序化广告购买模式

### ◎ RTB模式：实时竞价广告

Ad Exchange推出的RTB[①]平台带来了移动广告行业的革新，它以诸多优势吸引了众多的广告主。

在销售内容上，不同于传统的媒体广告位的出售，移动广告带给广告主的是一个用户个体。只要用户访问RTB广告位的网站，那么，RTB就会获取用户的信息，包括职业身份、成长环境、兴趣爱好、居住地址等，这也意味着用户看到的广告是RTB在获取了他的信息之后，分析出了该用户的兴趣点。因此，用户看到的也不再是一条毫无价值的广告，而是一条符合他消费行为的信息。

从获取用户信息，到分析数据，最后根据分析结果定向地向用户投放广告，这看似复杂的流程，RTB只要通过程序化的手段就能在一瞬间实现。这种智能广告有效规避了让用户感到厌烦的缺陷，反而会让用户觉得这是有价值的信息，由此，广告主的目的就达成了，实现了精准营销。

由于用户的兴趣点不同，因此，广告主在获取了用户的信息之后，会

① RTB：（Real Time Bidding，实时竞价），是一种利用第三方技术在数以百万计的网站或移动端针对每一个用户展示行为进行评估以及出价的竞价技术。与大量购买投放频次不同，实时竞价规避了无效的受众到达，针对有意义的用户进行购买。

有根据地向用户推送信息；同样的，用户在同一个广告位看到的广告也可能隶属于不同的广告主，而同一个广告主为了扩大广告的影响力，也会在不同的广告位上投放广告。此外，对于广告主来说，投放过多的广告并不是一种资源浪费，反而可以降低成本。

但是，由于每一个广告位在不同的时间会展出不同的广告，而这恰恰也是广告主所顾虑的一点。作为广告主，无法事先知道自己的广告被安排在哪一个广告位上，也不知道这个广告位附近会有多少用户流量，而广告的排期不同，价格就不同，从而为企业带来的利润也就不同。

有一点可以肯定的是，所有的广告主都想把自己的广告投放在客流量最大的广告位上，以最优的价格获得最好的排期，以及对广告位拥有绝对的所有权。这种想法无疑迎合了传统媒体时代通过人力购买抢占广告位的心理。

由此可见，即使是在智能广告时代，广告主们还无法从传统的媒体时代转型过来，还无法适应程序化的购买方式。那么，传统的广告主应如何适应这种移动广告呢？PMP（Private Market Place）私有交易市场的出现为广告主们提供了解决方案。

## ◎ PMP 模式：品牌营销的利器

PMP 作为一种新型的互联网广告交易方式，将传统的私有交易方式与移动营销完美地结合在一起。广告主优先抢占优质的媒体广告位，再设计程序自动的管理这些广告的投放，有针对性地向受众投放广告。

★ 从功能上看，PMP 和 RTB 存在许多相同之处：

首先，它们都能通过数据分析，有针对性地向消费者投放广告，实现精准营销；

其次，PMP 和 RTB 都遵从 Open RTB 协议，能够接触到众多的传统媒体广告，建立合作关系，同时又能与新型的广告平台如 DMP、AdExchange

等友好合作，从而利用大数据、移动互联网等技术手段获取准确的用户信息，实现精准投放。

★ 但从采购广告位方面看，PMP 也与 RTB 存在不同之处：

RTB 的广告位不确定，而 PMP 则允许用户预订广告位，并可通过程序化的手段自行管理这些广告位的使用，实现了广告位的所有权和管理权。广告主通过优质的媒体广告位，可实现精准投放广告，从而沉淀用户，形成用户黏性和忠诚度。

在移动互联网时代，相比传统的广告交易模式，PMP 私有交易市场可以借助互联网的优势，优先购买广告位，向消费者有针对性的投放广告，而不需要像传统广告营销那样，依靠频繁地发放小广告，吸引消费者的注意。

除此之外，PMP 还可通过移动互联网、大数据、云计算等途径准确地获取消费者的信息，实现精准投放，同时还能远程操控广告投放，发挥广告的潜力，以此沉淀用户。

例如，一个汽车商通过 PMP 平台竞拍得到了一个广告位，他们要在这个广告位上投放高、中、低三款车的广告。而通过 PMP 获取的消费者浏览记录，汽车商会根据消费者的性别、年龄、职业、收入等基本信息，分别向他们推送不同的广告。向高收入者推送高档的汽车广告，向中低收入者推送中低档的汽车广告，以此提高工作效率，实现精准营销。

PMP 除了能够实时控制广告投放之外，还能跨屏控制广告的播放次数。PMP 可管理控制来自不同媒体、不同屏幕的广告位，还可通过大数据、移动互联网等技术手段，实时追踪用户的浏览记录和消费记录，从而可以有效规避同一条广告多次出现，引起消费者的反感。

同时，PMP 可以为用户提供多种服务。在将广告放入 PMP 平台之前，广告主先放入广告创意元素，这样，当系统捕捉到不同的用户时，就可通过程序化的手段，利用这些创意元素自动生成多种广告，引起用户的消费欲望，进而沉淀用户，形成用户黏性和忠诚度。

PMP 私有交易平台以智能手机作为入口，将传统的广告营销与互联网相融合，形成了一种新型的广告交易方式，达到了更好的宣传效果。随着 PMP 投放广告带来的巨额利润，这一广告投放方式受到众多广告主的追捧。

PMP 广告投放方式有效规避了广告投放的不确定性，同时广告主还拥有一定的所有权和管理权，能够通过程序化的手段自动地向用户投放广告，每个用户所看到的广告都是根据他的兴趣爱好所推送的，实现了精准投放。

除此之外，PMP 私有交易市场在交易模式、广告形式、扩展性、智能化等方面都有诸多优点，使广告主和广告公司具备了更多的竞争优势。随着移动互联网、大数据等的发展，在未来还会出现更完善、更智能化的广告交易方式，而目前，对于所有的广告主来说，PMP 是最好的广告投放方式。

## ◎ PDB 模式：私有程序化购买

从媒体资源角度来看，移动购买的分类以是否放在公开交易平台为基准。对于放在公开交易平台的类型应对起来很容易，可以通过需求方平台进行直接公开竞价或者是优先出价。这算是一种公开有序的好模式。那么对于不放在公开交易平台的又当如何应对呢？这就是我们所说的私有化程序购买以下，以下简称 PDB。

PDB 把广告主买断的资源聚拢到私有的媒体资源里，依旧通过程序化方式来进行广告投放，达到很好的效果。这个方式兼得二者之优势：一方面能够借助大数据、算法等优势，利用程序化的优点，另一方面又能直接利用现行的广告以快速嫁接整个链条。

这对于广告主、广告公司还有媒体来说都不失为一件好事。广告主会很乐于见到同样的投入获得了更好的效果，广告公司对于广告主的绩效指标也更容易达成，而媒体则会很高兴看到涨价带来的效果却是观众看到的效果更好。但是如此一来，移动 DSP 玩家的压力就迅速增大。PDB 周旋于广告主、广告公司、媒体还有用户之间，其能否从技术中获益取决于是否让这几方都满意。

PDB 是谁关注的重点？答案是手中有足够预算的广告主。PDB 的资源来自广告主自己买断的资源，那么广告主，而且是大型广告主才能做成此事，因为大型广告主手下往往有一系列知名子品牌。而对于预算不大的广告主来说只在公开交易平台发挥一下就好。但并不是找到足够预算的广告主就意味着解决一切了，若有需求方平台莽撞地直接奔向 PDB，结果一定不算太好。

PDB 的技术仍然是以大数据算法为核心基础的，要针对人群匹配、条件变化、反应及时等方面，还要进行跨屏全覆盖、媒体之间对接，难度可想而知。

对于已经做过 PDB 案例的，对于业内来说最宝贵的财富就是其经验。在不断摸索的过程中，每一个阶段性的成就都可视作下一个阶段的起点，在不断优化升级中使其发展越来越壮大。而在这过程中，如果中途突然对需求方平台进行更换，效果往往得不偿失，因此开始时选择一个好的平台就显得尤为重要。

# 第 5 章　社交广告：社交媒体时代的营销变现

## 5.1　社交媒体时代的营销裂变

### ◎ 社交广告的发展历程

2014 年，谷歌的广告收入高达 450 亿美元；而全球最大的广告传播集团 WPP，其广告收入仅为 190 亿美元。从广告收入数据上看，作为全球最大的搜索引擎，Google 在数字广告领域可谓遥遥领先。

不过，随着移动互联时代的到来，Google 在互联网广告领域的霸主地位，正受到以 Facebook 为代表的社交网站的严重威胁和挑战。2012 年，Facebook 开始尝试信息流广告，随后推广到移动端，并获得了巨大成功。至 2014 年，Facebook 的移动广告收入年增长率达到了 136%，而谷歌在这一年的增长率仅比 2013 年提高了 1%。

互联网广告有两种形式：产品广告和品牌广告（如图 5－1 所示）。作为最大的搜索引擎，Google 用户是有着明确需求的消费群体。因此，其广告投放是以关键词的搜索数据为依据的。显然，这种关键词广告是一种前置的、针对用户需求的搜索广告，其内容是对某种具体产品的促销。

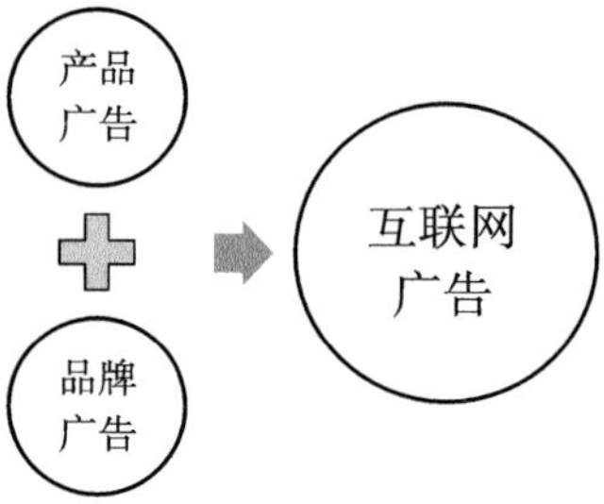


**图 5－1　互联网广告的两种形式**

这种产品广告形式，虽然易于转化为直接的消费行为，却无法为用户提供品牌和情感体验。而随着体验经济时代的到来，用户对品牌体验和场景化情感关联的追求，又远远超过了对具体产品和服务的需要。因此，更加注重形象展示与情感关联的品牌广告，逐渐成为广告商的新宠。

简言之，以谷歌为代表的搜索引擎，更适合注重促销的产品广告的形式；而以 Facebook 为代表的社交平台，则更适于侧重沟通价值和情感体验的品牌广告。互联网广告营销也由此进入社交广告时代。

### ◆ 社交广告的发展历程

从发展历程上看，数字广告营销大体经历了三个阶段（如图 5－2 所示）：以 Yahoo 为代表的门户网站广告形式；以 Google 为代表的关键词搜索广告形式；现阶段以 Facebook 为代表的社交广告时代。

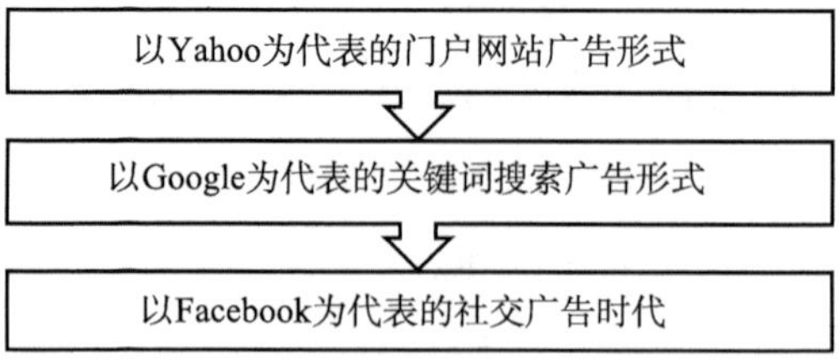


**图 5－2　数字广告营销经历的三个阶段**

第一代数字广告模式，是将报纸、电视等传统媒体上的广告营销形式，搬到了 Yahoo 等门户网站上面，呈现为门户广告的形式。这种网络广告，只是一种传播媒介的转移，并没有对人们的具体消费行为产生太大影响。

2000 年，Google 推出了 AdWords（关键词竞价广告）服务；2004 年，又推出了 AdSense（网站内容相关广告）服务。以这两项业务为标志，数字广告进入了 2.0 时代。

而日本电通于 2004 年提出的“AISAS 消费者行为模型”，反映了这种关键词广告模式对人们生活方式和消费行为的影响：Attention（注意）—Interest（兴趣）—Search（搜索）—Action（购买）—Share（分享）。关键词广告就是将需求前置，用户通过目标性地搜索，完成产品的购买。

正如一开始提到的，Google 关键词广告业务的快速发展，对传统的广告产业格局造成了巨大冲击和颠覆，也加剧了数字化广告模式与传统广告形式之间的冲突：传统的广告公司是否由此成为技术公司？广告创意是否会被数据分析取代？在互联网时代，甚至正在到来的移动互联时代，广告营销将如何转型？

显然，2004 年成立的社交网站 Facebook，已经用具体行动做出了回应。虽然直到 2012 年上市之时，Facebook 的广告业务仍然无法与 Google 相提并论，但是其海量的用户基数，却引起了广告商越来越多的注意。特别是在 2012 年，Facebook 推出了信息流广告模式，极大提升了网站的广告收益。以满足用户的品牌体验和价值共鸣为导向，借助于移动智能终端和大数据技术，Facebook 将广告营销带入了社交广告时代。

### ◆ 社交广告时代的到来

移动互联网的发展，以及手机等智能终端的普及，推动了网络入口的小屏化、移动化、场景化转向。这种媒体环境的重构，也引发了广告营销模式的变革：

★ 一方面，以 Google 为代表的第二代数字广告，是以桌面技术和精准的关键词搜索为前提的。而移动终端的小屏化，必然会降低搜索回应的便利性和准确性。

★ 另一方面，移动互联时代，用户更加注重品牌价值和情感体验。基于目标搜索的关键词广告模式，不能在移动端有效聚合品牌粉丝，也就无从谈起形象展示和价值体验。

与通过预置信息资源匹配用户需求的关键词广告模式不同，社交广告可以将品牌与用户有效地连接起来，实现品牌的形象展示与用户的情感体验。社交平台大量的用户基础，为广告营销提供了潜在的目标群体。同时，大数据、云计算等先进技术的发展应用，又为精确的需求定位和细致的市场划分提供了技术支撑。最后，不同于以往的硬性推送模式，社交广告是一种基于价值共鸣的互动营销。

具体而言，社交广告更加注重对用户特质（年龄、性别、兴趣、职业等）的细化分析，从而深度挖掘消费需求。利用大数据技术，对用户信息资源进行记录、收集、分析、整合、处理，以对消费者的个性化、多元化需求进行精确定位和及时响应。

另外，社交广告是一种更加柔性化的互动式营销，主要表现为熟人推荐和内容分享。尼尔森公司对在线消费行为的调查显示：对于熟人推荐的商品，高达 91% 的用户具有不同程度的信任。显然，这种基于社交信任和价值共鸣的广告营销模式，更能引起用户的兴趣和认同，也更加符合移动互联时代的消费心态。

无论是 2012 年 Facebook 信息流社交广告的迅速崛起，还是 2013 年沃尔沃重型卡车“一字马”短片的巨大成功（累积点击率超过 7300 万次，打破了 YouTube 网站汽车广告的观看记录），都表明数字广告营销进入了社交广告时代：广告呈现形式的移动化与场景化；基于分享的互动营销；品牌形象展示与价值共鸣。

## ◎ 社交广告如何引发消费者共鸣？

其实，社交网站对于广告往往是“爱恨交加”：一方面，广告收入是社交网站的主要利润来源；另一方面，广告会在一定程度上降低用户的社交体验，引起用户流失。

也因此，虽然在2012年9月Facebook就以7.15美元收购了图片社交应用平台Instagram，但直到第二年年底，才正式推出首批品牌插播广告。同样，作为国内最大的移动社交平台，微信也是直到2015年初，才发布了官方朋友圈广告。

而大数据技术的应用，能够以更精确的方式，将品牌信息推送到用户的移动端，降低用户的反感度。不过，这种基于市场细分建立品牌区隔的方法，只是完成了品牌信息的推送，还无法实现品牌的信息扩散与粉丝聚合。

共同的兴趣和话题，是移动社交的基础。2011年，日本电通公司就提出了基于社交媒体的SIPS消费者行为模型（如图5－3所示）：Sympathize（共鸣）—Identify（确认）—Participate（参与）—Share and Spread（分享与扩散）。

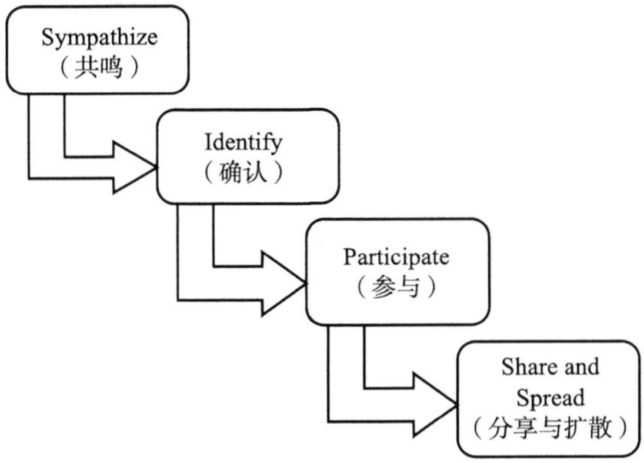


**图5－3 SIPS消费者行为模型**

因此，社交广告需要超脱“为产品而广告”的传统营销理念，转而“为用户而广告”。即把“共鸣”作为社交广告沟通的入口，通过构建用户感兴趣、具有情感价值的话题，吸引用户的关注和参与，让用户成为品牌信息的传播者。

“互联网 +”时代，消费者是一切商业行为的核心。广告营销内容只有引起了用户的共鸣，才能真正实现其自身的价值。因此，基于大数据的社交广告营销，就超越了“为产品而广告”的品牌属性层面，转而注重构建能够引起用户最大化共鸣的“生活内容”，从而激发用户的参与兴趣，形成一个高度互动的品牌粉丝社群。

简言之，移动社交广告营销，是一种基于用户价值共鸣的互动式营销。因此，用大数据与大故事创造共鸣，就成为社交广告的关键环节。

大数据源于对社交媒体上用户信息的收集、分析、整合，是对用户消费偏好和兴趣内容的精准把握，能够提升社交广告的针对性和有效性；大故事则是以用户为中心，围绕消费者的体验和感受进行叙事建构，并以品牌为载体传递用户认同的价值理念，从而引起用户的情感归属和价值共鸣。

2013 年，著名的美容护肤品牌多芬推出了一则名为“Real Beauty Sketches”的短片广告：速画师根据自我描述和他人描述，分别画出了同一位女性的两幅画像，结果显示后者比前者更加美丽。短片以此引导人们去探讨：什么才是“真正的美丽”？这一话题引起了人们特别是女性用户的广泛共鸣，短时间内网络浏览量就超过了 1.65 亿。

显然，多芬广告的成功，源于准确把握了用户的兴趣倾向，通过具体的故事建构，引起了人们的价值共鸣，从而实现了自我品牌的扩散推广。

同样，宝洁的“为母亲喝彩”、护舒宝的“Like a Girl”等品牌营销策略的成功，也是源于构建了引起用户共鸣的价值诉求。

“互联网 +”时代，广告营销由搜索推送的产品促销模式，转向注重消费者参与的互动式营销。用户本身成为品牌形象推广的参与者，并在这种主动参与中获得了品牌体验和价值共鸣。小米、锤子、雕爷、黄太吉，这些在国内迅速崛起的互联网品牌，无不是通过其独特的价值诉求，引起了消费者的情感共鸣，从而聚合起了大量的粉丝群体，实现了品牌的快速扩张。

## ◎ Facebook 的精准广告投放策略

截至 2014 年第三季度，Facebook 广告收入中有 66% 来自手机等移动端，移动信息流广告点击率比 PC 端高了 187%。这些惊人的数据背后，反映的是创始人马克·扎克伯格对市场变化的敏锐把握：用户花在电脑前的时间正在缩短，PC 页面右侧那小小的广告位置已经难以吸引广告主；而在手机等移动端的小小屏幕上，又找不到合适的角落来安置广告。

于是，Facebook 尝试将广告融入用户每天刷新的页面信息流里。2012 年 1 月开始，Facebook 信息流广告首先在 PC 端进行了尝试，后来逐渐延伸到了移动端，并顺应移动互联网时代的广告营销特点，以用户为中心进行精准投放和互动，最终改变了其整体的广告收益结构。

### ◆ Facebook 如何做移动广告？

Facebook 移动广告成功的最大功臣是信息流广告。

所谓信息流广告，是将程序化购买与互动程度高的社交平台结合在一起，根据用户的个人特质进行精准投放，并且内容可以分享和评论，最终目的是以一种十分自然的方式融入用户的好友动态中，在不引起用户反感的情况下达到很高的触达率。信息流广告的最大魅力在于：把用户价值放在了首位，同时又平衡了广告主和用户的不同利益点。

下面，就从位置、内容、收费方式和价值核心四个方面，来具体分析 Facebook 是如何尝试信息流广告模式的（如图 5－4 所示）。

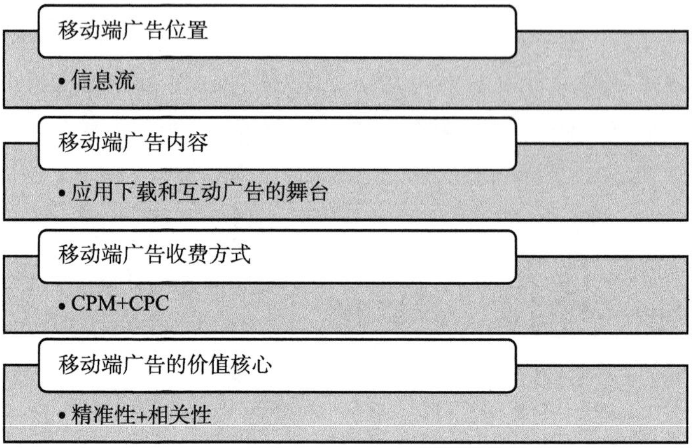


**图5－4　Facebook 的信息流广告模式**

1）移动端广告位置：信息流

互联网广告投放位置主要包括三个：PC 页面右侧的广告栏版块、PC 信息流广告和移动端信息流广告。在移动互联网时代，手机等移动端口成为人们主要的网络入口。顺应这一趋势，Facebook 逐渐将信息流广告的重心放在了移动端。

但是，移动互联网时代，碎片化的时空场景改变了 PC 时代的用户上网特点。相较 PC 端的整块时间，移动端的用户更倾向于在碎片化的场景中进行社交、娱乐等活动，而非烦琐严肃的商务内容。

因此，对于 Facebook 来说，移动信息流广告的关键，就是要平衡好用户的社交体验和广告主的利益关注：既不能让广告影响到用户的社交资讯体验，又要尽可能提升广告主获益。这一平衡的实现，就需要充分利用大数据等“互联网＋”时代的先进技术和平台，让广告主抓住目标群体的消费痛点，根据用户个性化的特质进行精准化广告投放。

从当前的成就来看，Facebook 的移动信息流广告显然取得了不俗的效果。科技广告巨头 Marin Software 提供的数据显示，Facebook 移动信息流广告的点击率要比 PC 端高出了 187%，但点击成本却降低了 22%。

2）移动端广告内容：应用下载和互动广告的舞台

Facebook 广告后台提供了九种广告内容：内容（帖子）推广、主页推广、点击推广、转化推广、应用下载推广、应用互动推广、活动推广、消费券推广和视频推广。

其中，对广告主最具吸引力的形式包括应用下载推广和应用互动推广两种。特别是那些缺少推广手段的广告主，通过这两种广告形式可以直接引导用户下载应用或进入应用中进行活动。

在“互联网+”时代，碎片化的时空场景让用户更倾向于关注那些简单方便、极具个性化和吸引力的信息流。这一变化要求广告主能根据目标客户的个性化特点，开发出他们感兴趣的应用，如此才能在大量的信息流中获得用户较高的关注度。

根据 Nanigans（投放 Facebook 广告的第三方平台，社交和移动软件广告提供商）的数据，在 2014 年第一季度，Facebook 移动广告收入的 74% 来自移动 APP 的安装广告，该数据反映了移动 APP 和互动广告在 Facebook 移动流量广告占据重要地位。

3）移动端广告收费方式：CPM + CPC

作为主要收入来源的广告业务，Facebook 主要有两种收费方式：CPM（cost per 1000 impressions，千人展示成本收费）和 CPC（cost per click，点击付费）。

CPM 即广告主的广告每展示一千次，就要交一次约定的广告费。CPC 则是广告主按用户的每一次点击进行付费（Facebook 对点击的定义包括了点赞、评论、分享等一些互动方式）。在这两种付费方式中，CPC 看上去似乎更为划算，但实际上大部分广告主都选择了 CPM 的计费方式。因为从广告最后的效果转化和成本投放来看，CPM 的成本更低，转化效果却并不比 CPC 差。

正如 Facebook 首席运营官、被媒体称为“Facebook 第一夫人”的雪莉·桑德伯格（Sheryl Sandberg）所言，移动互联网时代的用户有着多样化的网络终端入口。因此，过于强调点击率的广告并不符合行业发展趋势。

PC 时代，商家主要是基于 cookie（储存在用户本地终端上的数据）来进行广告推送。但是，到了移动时代，用户往往会使用多种终端登录网络，且线上线下的消费行为也开始不断整合。这些变化，导致了广告的追踪方式和效果的改变。

除了上面两种，Facebook 的部分广告也按照实际的转化效果收费（CPA，cost per action）。比如，使用了商家的优惠券，或是下载了 APP 等。不过，这种计费方式的要求较高，因此只是在很小的范围内使用。

4）移动端广告的价值核心：精准性 + 相关性

移动信息流广告的投放是个复杂的技术活，其核心价值在于内容的精准性和相关性。对于 Facebook 而言，其最大的优势就是，能够通过用户在社交平台上的活动深入了解用户。比如，用户分享和点击了哪些文章、使用了什么样的应用、关注了哪些页面、有哪些书籍影音喜好等。这些数据会成为 Facebook 判断用户身份的依据，并以此帮助广告主根据用户的个性化特质进行精准投放。

同时，在广告主利益和用户之间，Facebook 更加倾向于用户，会尽量降低信息流广告给用户带来的困扰，以避免用户的流失。比如，Facebook 为用户提供了信息流广告的附加选择：可以选择屏蔽某条广告或者屏蔽该广告主发出的所有广告信息。

总之，基于高质量的广告内容和形式、精准的用户投放，再加上信息流这一用户注意力集中的位置，Facebook 的移动广告效果无论从点击率还是投放成本方面，都显示出了巨大的优势。

### ◆ Facebook 移动广告的未来

精准的广告投放能力，是 Facebook 移动信息流广告成功的关键所在。但是，如何将这种精准投放的能力拓展到整个移动广告营销领域，是 Facebook 移动广告未来发展所面临的一个“瓶颈”。

因为在手机这样一个小小的屏幕上，信息流广告的位置是十分有限的，Facebook 专门的广告小组只能从众多的广告中挑选出有限的几个发给用户。这远远无法满足过百万的广告主群体的需求，也导致信息流广告位成本的不断增高，不利于其广告业务的拓展。

针对移动广告未来发展面临的问题，Facebook 推出了在移动广告领域的新手段：Atlas 广告平台和 Audience Network。

Atlas 是一个跨平台的广告平台，它可以帮助广告主利用掌握的客户信息，向其他网站和应用的客户投放精准广告，从而实现购买、销售、优化和跟踪广告的一站式服务。

例如，百事可乐要向男大学生发布 Mountain Dew Baja Blast 广告，就可以利用 Atlas 平台，找到数以百万计的潜在客户，通过游戏应用、体育和视频网站向他们发送广告。同时，Atlas 还可以向百事可乐提供相关信息，供后者分析哪条广告最有效果。正如 Facebook 营销技术部门主管大卫·贾库博斯基（David Jakubowski）所说的，Atlas 将把广告客户已经在 Facebook 上使用的、与用户信息相关的营销功能，迁移到了整个网络上。

Audience Network 则是 Facebook 推出的另一个跨应用移动广告服务，让广告可以显示到 Facebook 以外的第三方应用和网站上。举例来说，用户在 Facebook 上赞了某品牌的商品，那么当该用户在使用相关的第三方应用时，就有可能看见该品牌投放的广告内容。比如，移动游戏“金·卡戴珊”和音乐识别应用 Shazam 就已经开始承载 Facebook 广告。

就移动广告的整体市场情况来看，显然还有待进一步开拓。虽然现在美国人平均有 25% 的媒体消费时间在移动端，但是广告主在移动端的预算仅有 11%。造成这一现象的原因，正如桑德伯格分析的，“当前的移动端并没有一个有效的渠道来承载大量的广告内容，并追踪计算出广告的投放效果”。

移动互联网广告营销的关键是精准投放。但是，尼尔森的数据显示，当前互联网行业的广告投放精准度要低于60%。这既大大影响了广告投放的效果，也对广告的非目标用户造成了困扰。

在这一问题的解决上，Facebook 有着较大的优势。首先，Facebook 大规模的用户基础和对这些用户行为的深入了解，为广告的精准投放提供了基础；其次，Facebook 新推出的 Atlas 和 Audience Network，实现了跨平台、跨应用的广告推送，有效解决了移动信息流广告的位置限制；最后，通过重新改造 Atlas 平台，Facebook 有效实现了线上线下的连接，对线上营销和线下销售之间效果的测量也更加准确。

因此，作为全球最大的社交平台，只要 Facebook 能保持住平台的吸引力，始终拥有大量的活跃用户，那么，其移动广告业务必能在未来获得更大的发展。

## 5.2 社交大数据：营销背后的精准投放

### ◎ 数据挖掘与精准投放

2013 年，马云在淘宝十周年的晚会上做卸任演讲时曾说过，大家还没搞清 PC 时代的时候，移动互联网来了，还没搞清移动互联网的时候，大数据时代来了。从中我们不难看出在这位互联网商业大鳄眼中“大数据”的重要性，而近年来“大数据”也越发地炙手可热。

那么，究竟何为大数据呢？所谓大数据，也被称为巨量资料，顾名思义是一种来源庞大的数据组，由目前已经普及的网络行为所伴生，被采集到的蕴含着大众真实喜好的区别于传统结构与意义的数据。

目前，大数据已经发挥出了其巨大的能量，在全球范围内的广告领域里掀起了一场智能革命。由此，那些包围着我们的广告制作者就成了能够自动生成的智能系统。

在这一点上，Facebook 是一个成功的践行者，仅在 2012 年就收获了 43 亿美元。其成功的起点就是我们上面所说的智能系统，在此系统之上广告客户不用再死盯着广告公司出方案，也不用担心目标受众定位会出现差错，只需要将产品的照片上传到智能广告系统的数据库内，系统就会结合 Facebook 的用户相关特点以及兴趣爱好自动生成该产品的相关广告。其进行投放的依据其实就是大数据，具体说来就是对 Facebook 用户的社交图谱进行的数据分析。

作为最早接触社交媒体的人群之一，著名的数字营销专家同时也是畅销书作家的拉里·韦伯在大数据时代重新发现了社交网络的价值，他在书中是这样解读大数据的："所谓大数据，包括企业信息化的用户交易、社会化媒体中用户的行为、关系以及无线互联网中的地理位置数据。"

也就是说，大众在社交网络上的足迹都会被一一采集下来，而智能广告系统就是通过对这些足迹的分析与研究才达到了解大众的目的，进而选择出产品的目标受众群体并判断他们接收产品广告的时机。

如今，通过无线网络得到的监测数据已经越来越多地被应用到商业领域之中，举个简单的例子，如果你想在某一地区开一家餐馆，那么怎样判断其店铺选址与目标受众群体呢？这时监测数据就派上用场了，首先选择获取信息的路段，参考标准为人流量大且集中，其次对这些数据进行分析，如此便得到了你需要的判断依据。在2010年上海世博会期间，全球最大的移动通信设备商爱立信公司就曾向组委会提供了类似的服务。

像麦当劳、肯德基这样的快餐业的巨头在进行商业选址时也已经运用了大数据，而这不过是大数据应用于商业领域的一种而已。

在广告精准投放方面，大数据的经典应用可谓是数不胜数，而最早则要追溯到Target与怀孕预测指数的故事上。

美国超市Target通过数据挖掘来预测出女性客户中的孕妇，然后将与怀孕相关的各种商品的优惠广告精准地投放到她们手中，以吸引目标客户前来购买。曾经，Target就据此将婴儿尿片与童车的优惠券发给了一位17岁女孩，引来了其父亲的抗议，但Target这样做的原因是这位女孩搜索过相关的母婴产品，事实也证明她确实怀孕了。此后，这种方式被Target广泛应用到了推广其他商品上，使之销售额得以倍增。

实际上，像移动互联网颠覆着传统行业一样，大数据也在改变着营销行业的工作方式与手段，使之目标更为精准、效果更加明显。从消费者行为背后的大量数据里找寻到隐藏着的真正需求，加以分析研究并为之提供极具针对性的个性化营销方案。

当然，这些工作能够开始的前提还是对用户数据的采集，这样才能把控社交网络营销的关键点——找对并找到目标受众、将营销成本投入到正确的地方。

在智能移动终端基本得到全面普及的时代里，社交元素几乎无处不在，而社交手段的正确使用正好可以挖掘出移动智能媒体所蕴含的能量。用户是什么类型的人、喜欢与什么类型的人打交道、对什么话题感兴趣、一般与什么人互动等数据的挖掘，使社交网络所具备的商业价值又攀升了一个层次。社交网络在向用户推送其需要或是感兴趣的内容或产品的同时，还能将用户并不需要或不感兴趣的内容剔除，使有效信息与用户能够更快地汇合到一起。

## ◎ 广告主与消费者的创意互动

在大数据开创的新时代里，社交广告已经成为流行的主要趋势。相较于传统广告模式，社交广告在其形式上不仅仅是简单地推广信息，而是通过用户对产品与服务的关注与参与来扩散，对于受众来说，他们并不是在看广告，而是在了解朋友的动态。

据市场调研机构 eMarketer 预计，全球的社交网络广告金额在 2015 年达到了 237 亿美元，预计 2017 年这个数字会攀升到 360 亿美元。其实，到了社交媒体的领域里，智能广告已经不能简单地用“广告”来定义了，有时候它更像是在讲述一个故事，或者是大家一起玩的游戏。

从广告形式上来说，智能广告的显著特点就是会越来越无形化，且加强了与消费者之间的互动。在彼此的互动过程中，用户会在参与中充分地发挥其主观能动性，为“故事”或“游戏”提供更有趣味的营养，从而形成一种营销创意。其实，这都是依托于大数据而衍生出来的。

如今的媒体已经不再局限于媒体的角色，而是参与到了数字生态链中并延伸到了销售领域。以雀巢公司在中国营销冰激凌产品笨NANA为例，他们选择了flash游戏的形式，设计定制了多款不同的游戏，将笨NANA作为游戏中的一个重要道具而出现。

提到互动广告的创意问题，Nike是一个不得不提的参与者。比如说它曾借助微信平台发起了所谓“定制化”的活动：用户可以将自己喜欢的图片或图案作为鞋子的样式上传到平台，Nike则根据这些图片或图案生成相关的鞋子图样，如果上传者满意就可以进行支付购买。此外，Nike在日本也有着极具趣味性的互动形式，凡是制作过属于自己的NikeFreeRun+跑鞋的消费者都可以参与，其具体参与流程为：在活动官网上注册—打开电脑摄像头—模仿鞋子造型做鬼脸—评选出最为夸张、神似的作品—获得奖励。

其实，对于营销人员来说，把好消费者的脉搏是其永远的课题，他必须了解到消费者花费最多的方面是什么，才能以此为依据为之创造更多的价值，但是在实施过程中还要把握好一个度，不能去干扰消费者的判断与喜好，因为消费者需要的是自己真正喜欢、真正需要的东西。

那么，消费者最喜欢什么呢？虽然答案五花八门，但是最贴近其内心的只有一个，那就是由自己创造出来的东西。如今，孤军奋战已经不再适应智能媒体时代的潮流，由千千万万的消费者提出的千奇百怪的创意已经构成了一个庞大的智能网络，群体智慧迎来了最能彰显价值的时刻。

## ◎ 群体的智慧：分享与沟通

群体智慧闪耀着光芒的同时，有针对性的个性化沟通策略也在有条不紊地进行着。社交媒体通过用户参与的话题、发表的评论、浏览的足迹、上传的内容等挖掘用户数据，因为这其中蕴含着不同用户的不同消费倾向。

以购买汽车为例，以往的选购方式其实就是一个线性的流程：首先是从媒体中获得汽车品牌、型号、性能等信息，其次再去实体店内进行考察，选中喜欢的车型之后进行试驾，满意之后完成购买。

现在就简单多了，因为社交媒体的介入，使消费者在购买汽车时不再是自己摸索，而是可以通过社交网络与移动终端来接触其他消费者在购买汽车后的评价及反馈，这样便可以获得更为全面的信息，从而坚定购买信念或是改变购买计划。

正因如此，企业铺排的广告营销活动所能起到的作用就十分有限了，于是他们自然会改变投放广告形式，将社交网络定向投放作为首选。一般来说，特定事件的发生也是进行定向投放广告的最佳时机，比如说奥运会这样举世参与的大盛事。

Nike 就曾在 2012 年伦敦奥运会期间精准地分析了社交媒体上用户与 Nike 之间的关系，针对喜爱某一种体育运动的用户，为之提供与此运动相关的产品广告内容，而对于那些没有明显运动喜好的用户则提供其他广告。

智能广告在未来的发展趋势里有四种不同方向的发展，分别是视频、微博、无线以及展示。而在展示广告这一发展方向中，视频贴片广告和富媒体广告将会是主力。

2013 年，腾讯推出了需求端平台“腾果”，这种广告投放系统走的是更精准、更智能的道路。广告展现的机会需要通过竞价来获得，并根据点击效果来付费，因背靠腾讯这棵大树，其投放更为快捷、高效、精准。

除此之外，腾讯在大数据时代里还推出了相应的社交策略，可以通过洞察、分析用户的行为等数据来挖掘、描绘出不同的用户族群，不同的细分族群之间有着明显的差异，企业就可以据此来确定品牌的营销对象。

比如，妈妈这一大群体，其实还能够继续细化为成熟妈妈与新晋妈妈两个族群。前者是比较理智的一类人群，她们在娱乐时，更为喜欢游戏与音乐，或是追一下古装电视剧，在社交网络方面，则更倾向于 QQ 群；而后者则更为时尚，常以“辣妈”自诩，在社交网络上较为活跃。

随着移动终端的普及，随时随地随心的分享成为人们的日常，而通过用户的分享内容，企业便可从中获得决策的依据，分享越多依据也就越多。

2011 年 12 月，Facebook 针对注销率的问题发布了 Timeline，一旦用户选择注销，Timeline 就会通过对其关系的挖掘，为之推送其朋友的照片与信息，并显示“您确定要注销吗？注销之后，您曾经分享在 Facebook 上的所有信息都将移除。那样××会想你的，×××一家会想你的……”类似的字样，以情动人，成功地将注销率降低了 7%。

很明显，企业与用户之间已经不再如以往一样隔着一个巨大的鸿沟，如今交流方式的改变，拉近了企业与用户之间的距离。而大数据时代的来临，也将企业营销推向了一个新的阶段。

在信息大爆炸的当下，人们很难记住更多的信息，甚至那些记住的零星信息对其而言也属于无效信息，在这样的态势下，传统广告呈现出了难以为继的疲态。而智能广告则改变了这一局势，不仅能推荐用户需求以及感兴趣的信息，还能激发出用户潜在的消费需求，从而使人们的消费曲线不再难以预测。

## 5.3 如何利用社交媒体进行广告营销?

### ◎ 制定有效的社交媒体营销方案

社交媒体营销方案，是社交媒体开展营销活动的重要参考，对社交媒体平台的营销效果具有重要的影响。但是要撰写一份优秀的社交媒体营销策划案并不是一件容易的事。一份优秀的社交媒体营销方案以及营销目标应该对发表的文章、用户的评论以及点赞等能够进行有效的引导。虽然这样听起来很复杂，但是一旦能完成一份完整的策划案，那么接下来的工作只要按照策划案按部就班地开展，就基本没有问题了。

在真正做策划案之前，首先应该了解什么是社交媒体营销方案。社交媒体的营销方案也就是企业怎样利用社交媒体做宣传，并希望能通过这种宣传获得什么样的效果。策划案应该包括现有账目的审计报告、未来账目的预期目标以及应该怎样达成这一目标。

通常来说，策划案越详细，在具体执行过程中会越顺利，工作效率也会更高。因此在策划案的写作上一定要多下点功夫。一份有价值的营销方案不仅可以为日后的营销工作提供重要的指导，同时也是衡量社交媒体成功的重要标志。

策划社交媒体营销方案，应该从以下几个方面着手。

### ◆ 设定社交媒体营销目标

制定任何营销策略，首先应该确定的是希望达成的目标，设定了明确的目标之后，可以更加有方向性地制定营销方案，而且当在具体执行中遇到一些不利形势的时候也能够及时对方案进行调整。而没有明确的目标不仅难以衡量最后营销方案是否获得了成功，也不能证明你的投资是否获得了应有的回报。

营销目标应该与营销策略保持一致。如果指定的社交媒体营销策略可以帮助企业达成营销目标，那么就可以在营销工作中获得企业提供的资金以及行政方面的支持。企业的营销目标不是单纯地推送内容能够获得用户的转发、点赞就可以的，而是指向更高级的指标衡量上，比如能够为企业带来销售额、网站流量以及人气的提升等，通过一种可测量、可执行以及明确的方法促进目标的实现。

在写作社交媒体营销策划案之前，可以先拟定至少三个社交媒体营销目标，并从这三个目标中进行抉择，从自己实际的能力出发思考自己能够完成什么目标，完成目标的标准是什么，怎样完成目标，从这几方面入手可以帮助你找到营销目标。

### ◆ 进行社交媒体评估

在策划社交媒体营销方案之前，应该对现有的社交媒体进行全面的了解和掌握，了解它的运作特点以及具体的运作情况。要从自己所在的社交媒体上找到与自己相关联的人，还要了解哪一个社交媒体与所面向的目标市场具有高度的一致性，现有的社交媒体是怎样与对手竞争的等事宜。

通过对社交媒体进行评估可以更清楚地认识到各个社交媒体的价值，并决定哪一个社交媒体账号应该更新或者是注销，同时也可以识别虚假账号，从而确保每一个用户都能真实的与所运营的品牌账户相关联。

阐述社交媒体的使命，是社交媒体营销方案中的重要组成部分，在明确使命的引导和影响下，可以将更多的注意力集中在对社交网络的充分利用上。社交媒体使命不仅可以在目标实现过程中对所采取的行动提供重要的指导，同时在遭遇困境或效率低下的时候可以带来更多的能量，同时有利于认清并不是所有的社交媒体都适合做营销。

### ◆ 创建并维护社交媒体账户

在对社交媒体账户进行合理地评价之后，接下来的重点就是要努力提升账户的线上表现力。

首先要选择一个与社交媒体目标一致的社交网络。如果还没有在社交平台上拥有自己的社交媒体主页，那么就从头开始认真的建设；如果已经有了自己的账户，那么就努力维护和更新账户，为用户推送更多有价值的内容。

不同的社交网络会面向不同的受众群体，每一个社交网络都有自己值得称赞的地方。因此需要不断优化社交媒体主页，从而吸引更多的网络流量，进而促进商业目标的实现。而使用交叉的社会账户可以将内容传播到更广的范围，提升社交媒体账号的影响力。

### ◆ 从行业领袖、竞争者、粉丝处获取社交营销灵感

1）跟竞争者学习

当拥有了一群很活跃的顾客的时候，品牌在社交媒体上也能表现出鲜活的生命力，而与此同时竞争对手也可能拥有一批很活跃的顾客，并且在社交媒体上也非常活跃。

因此在制定社交媒体营销方案的时候可以向竞争对手学习，从他们那里获得一些启发，比如了解他们怎样撰写微博内容，如何与粉丝进行互动等。此外，也可以随时关注竞争对手，看看他们有哪些地方做得不够好，并从自身出发进行自省，或者将他们忽视的粉丝群体拉拢过来变成自己的粉丝。

2）跟粉丝学习

粉丝也可以是学习的对象，可以了解他们在社交网络上怎样撰写博文，怎样进行互动以及使用社交网络的一些习惯等，可以为企业更好地撰写博文以及开展粉丝互动活动提供启发，有利于提高社会化营销的效果。

3）跟行业领袖学习

那些在社交网络上叱咤风云的品牌可以为企业社交媒体营销方案的制定提供重要的参考和借鉴。红牛、可口可乐、荷兰航空等品牌都曾经在社交网络上大放异彩，在社交媒体营销方面也积累了丰富的经验，对他们曾经的社交媒体营销手段进行深入研究或许可以从中获得更多的灵感。

### ◆ 制定内容规划和编辑日程表

优质的内容是帮助企业决战社交媒体的关键，一份完整的社交媒体营销方案的内容应该尽可能完善，包括内容创作策略、内容规划策略以及编辑日程表。具体应该涵盖以下几个问题：

★ 在社交媒体上要发布哪种类型的内容；

★ 社交媒体账号内容更新的频率；

★ 明确不同的内容应该面向哪些受众群体；

★ 由谁来创造社交媒体账号的内容；

★ 怎样推广这些内容。

而所谓的编辑日程表不仅要包括微博、微信、官方网站更新的具体时间以及日期，还要涵盖社交媒体营销活动准备推送的内容。做出比较详细的日程表，可以让社交媒体营销活动更加有条不紊地进行。在发布消息的同时，还要积极与粉丝进行互动，为粉丝提供专业、贴心的客户服务。

### ◆ 测试、评估和调整社交媒体营销计划

要对社交媒体营销活动不断进行测试，及时发现其中存在的问题，从而对社交媒体营销策略进行优化调整。在社交媒体上采取的一切行为都可

以被测试，因此可以运用各种不同的工具以及方法对活动进行测试，并及时对不合理的地方进行改进。

开展线上、线下的市场调研是衡量社交媒体营销活动成功与否的一种有效方式。调研对象可以锁定社交媒体的粉丝、邮件订阅者以及网站的用户等，通过他们对社交媒体营销工作的评价，了解企业在工作开展中存在的不足，并及时改进。这种方法不仅简单直接，而且更为有效，从能够真实体验的用户那里获得一些建议对于营销方案的完善也具有重要的参考价值。

然后再去锁定客户，了解社交媒体营销活动是否对他们的购买行为产生了影响。这种线上、线下的调研数据更具权威性，参照这些数据可以有效提高社交媒体营销的效果，为企业创造更大的价值。

以上是制定一份完整的社交媒体营销方案时应该做好的几步，当然由于每一家企业都有不同的发展特色以及处在不同的发展阶段，因此企业应该从自身实际出发对社交媒体的营销计划进行调整和优化，从而更好地满足企业的社交媒体营销需求。

## ◎ 社交媒体广告营销的6个步骤

“互联网+”时代，社交媒体的快速崛起，吸引了诸多企业的广泛关注。作为一种新型营销渠道，大多数品牌商都认为社交营销适合打造和推广品牌形象，但在促进用户实际购买的方面作用有限。

不过，随着社交网络的日益成熟，特别是移动互联时代的到来，社交媒体作为一种营销渠道或营销模式，逐渐展现出了强劲的发展势头。根据网络零售行业杂志 Internet Retailer 的调研，通过社交网络渠道，零售业500强电商企业在2013年的销售额达到了26.9亿美元，比上年增长了62.5%。

移动互联网的发展，使社交营销在企业整体营销战略中占有越来越重要的位置。同时，有别于以往侧重粉丝关注和点赞，今天的商家更关心的是在社交媒体上的营销投入能否获得实际的效益回报。关于这一点，当前很多顶级品牌，已经探索出了在主流社交网站中有效促进用户购买行为的方法。

### ◆ 保持发帖的连贯性，培养用户的浏览习惯

Facebook 上的顶级品牌，平均每周发帖 12 次，且工作日发帖数量相对较多。需要注意的是，由于营销活动势必会对用户的社交体验造成一定影响。因此，每个品牌都应该根据目标群体的特质，精确定位最佳的发帖时间点。同时，企业还应保持在最佳时间节点上发帖的连贯性，以便培养品牌粉丝的浏览习惯。

相对于 Facebook，被誉为“互联网短信服务”的 Twitter，其品牌电商的表现则更为活跃。除了针对用户特征的微小调整，品牌商在 Twitter 上的帖子内容与 Facebook 大体一致。不过，形式更为简洁明了的推文显然更适合引导用户扩大帖子中的话题范围。数据显示：在与品牌相关的帖子中，转贴的比例达到了 20% 。

作为一个图片社交平台，Pinterest 网站更适合于产品的功能展示、季节性的促销等营销活动。在品牌每周所发布的约 100 个帖子中，这些内容占了大约 66% 。剩余约 34% 的帖子，则往往是转载一些与品牌产品相关的内容。例如，美国著名家居品牌 west elm，就会经常将设计博客 design-sponge. com 的室内装饰图片转贴到 Pinterest 网站上。

### ◆ 充分利用用户产生的内容，实现品牌的口碑传播

社交营销，本质上是一种基于信任的互动式营销模式：用户对品牌的信任，用户之间的信任。因此，让粉丝用户生产内容，把用户变成品牌产品的消费者和主动推广者，是社交营销的最终方向，也是品牌与粉丝的双赢策略。

尼尔森公司对在线消费行为的调查显示：对于熟人推荐的商品，高达91%的用户会有不同程度的信任。因此，在社交媒体上，用户产生的内容，往往比品牌自身的帖子更具吸引力和说服力，也更容易激发消费者的购买行为。

另外，品牌分享用户生产的内容，并借助品牌的放大效应，让这些内容受到更多的关注，也有利于满足用户在社交过程中的成就感，从而形成良性循环，激励用户更加积极地进行有关品牌的内容创造。

### ◆ 设计新颖直观的品牌图片或视频，激发用户的浏览欲望

“互联网+”时代，那些直观、简洁、明了的内容，往往更容易吸引人们的注意力。在这方面，图片展示显然比文字叙述有着更大的优势。相关的调查研究也表明，在移动互联时代，网民更喜欢在移动终端上浏览图片。因此，Pinterest、Snapchat、Instagram等图片社交平台受到了用户的青睐，发展势头也比其他的“文本”社交媒体更加强劲。

图片的制作比较容易，其直观多样的形式也更容易吸引用户。因此，品牌的图片展示，逐渐成为社交营销的重要一环。在Facebook中，顶级品牌所发布的帖子90%以上都包含图片；同样，在Twitter的推文中，也大多含有视频或图片。

总体来看，在Facebook、Twitter、Pinterest上的100个顶级品牌中，平均每周都会有一个视频形式的品牌营销。至于视频的内容，主要集中于那些更容易吸引用户的信息：新品发布、产品设计师采访、品牌成长的相关故事、产品的使用指南等。

### ◆ 创造独特精妙的短帖，顺应用户的信息阅读习惯

移动互联网时代，人们处于不断变化的碎片化场景中，注意力也总是被新的场景内容所吸引，很难长久停留在某一个信息上。因此，相对于PC时代内容冗长的帖子，具有新颖性的精妙短帖显然更能吸引用户的目光，

也更容易让用户快速了解品牌营销的完整信息。

例如，在 Facebook、Twitter 平台上的顶级品牌中，发布的帖子内容都在百字以内。而定时推发软件 Buffer 在 Facebook 上的帖子，更是只有 40 ~ 70 字。

### ◆ 注重产品的属性与功能展示，有效激发用户的消费欲望

社交营销更容易展示品牌形象，扩散品牌的知名度。然而，用户的关注不等于实际的购买。要想把社交媒体上的广告影响转化为实际的产品销售，还需要品牌在发布的帖子中更加注重直观的产品属性和功能展示，以刺激社交用户的购买欲望。

对帖子内容的统计显示，直观的产品展示在 100 个顶级品牌的帖子中占有很高比例，在 Facebook、Twitter、Pinterest 三个网站中分别为 75%、56% 和 65%。另外，这些顶级品牌在社交媒体上产品销售的成功，还源于它们利用大数据技术对用户的数据进行了分析整合。

因此，品牌一方面可以根据社交用户的特质，推送更符合用户需要的产品；另一方面，也可以根据自己的产品，准确定位社交媒体上的目标群体。

### ◆ 配合信息更加丰富的链接，为用户提供优质的问题解决方案

在社交媒体中，帖子所包含的品牌和产品内容毕竟十分有限，无法满足用户多元化和深度的信息需求。因此，顶级品牌在与用户的社交互动中，往往会为用户提供信息更加丰富的网址链接，内容一般是用户搜索的产品、公司根据用户数据推荐的产品，或者品牌网站的登录页面等。

这些针对用户问题和评论的链接，显然比帖子包含了更多的信息，能够为用户提供更加丰富和人性化的问题解决方案。因此，品牌能够极大地提高用户黏性，并通过口碑传播效应获得更广泛的影响力。

“互联网+”时代，基于互动的社交营销，将逐渐成为企业营销的主要模式。因此，企业在社交媒体中的营销，除了要注重品牌形象的树立和扩散之外，还需要积极借鉴上述顶级品牌的成功经验，将品牌影响力转化为实际效益，即精确定位目标群体，创造图片、短帖等更加符合移动社交传播方式的内容，吸引用户目光，激发购买欲望。

# 第 6 章　APP广告：指尖上的营销新引擎

## 6.1　APP 崛起：企业品牌营销的新路径

### ◎ 国内 APP 应用的生存现状

随着移动互联网的发展和移动智能终端的不断普及，市场上出现了各种各样适用于移动智能终端的 APP，这些 APP 的出现不仅为人们的生活提供了极大的便利，同时也从根本上颠覆了传统的生活和工作方式，APP 应用已经成为一种主流的互联网体验。

目前，苹果 APP Store 以及 Google Play 应用商店内的 APP 数量均已经达到了百万级别，APP 数量的迅猛增长，使越来越多的广告主开始将目光瞄向了移动端。但是移动端面向的用户数量极其庞大，如何从中锁定高价值和高精准匹配的人群，并进行精准的广告投放和营销，成为广告主首先需要思考和解决的难题。

而对 APP 来说，在数量和种类如此之多的资源库中，怎样抓住用户的目光并得到广泛的应用，并不是一件容易的事。百度曾经专门做过一份移动数据调查，结果显示在应用商店中下载量最大的前1000个APP的下载量，占到了下载总量的55%，这也就意味着应用商店中只有不到千分之一的应用能够获得用户的青睐。所以，虽然APP数量比较庞杂，但是真正能够为广告主提供精准且符合产品需求的APP还是有限的。

苹果公司发布的iPhone开启了智能手机的新时代，之后的3G、4G网络为我们提供了迅捷的移动网络体验，而支撑智能手机改变人们生活的则是不计其数的APP应用。虽然APP类型十分广泛，但是国内用户使用收费应用的意识却十分淡薄，所以多数APP为了获得更广阔的发展空间必然会选择广告作为自己的重要生存渠道。

一个好的APP要想实现其自身价值最重要的就是为用户提供极致体验，APP广告也不例外。随着移动互联网的发展，信息更加公开化、透明化，而这也加剧了人们的私人化意识，对于陌生信息的干扰十分反感，所以APP广告只有抓住用户心理，注入更多人性化内容才能够长久地生存下去。对此，开发者需要进行数据收集，采取更易于用户接受的方式，如积分墙、推荐墙、原生广告之类的推广方式来进行广告投放，力求降低用户的防御心理。

移动互联网的发展以及智能手机厂商之间的竞争不仅促进了智能手机的硬件消费，也使用户对APP应用产生了更多的依赖心理，同时手游市场的火爆让众多广告平台看到了新的发展机遇，所以就目前来看APP应用的生存状态以及发展前景都是比较不错的。

支撑APP应用得以顺畅运营的移动广告经过近几年的成长也呈现出健康的发展势头，整个移动广告领域的良性竞争使广告市场更加成熟、活跃，层出不穷的广告新形式也赢得了越来越多用户的青睐。相信伴随着市场的扩大，依托广告实现盈利的APP应用将会进入新的发展阶段，整个行业也会因其良性循环得到更大的发展空间。

## ◎ APP 广告的主要投放形式

每一位用户都是个性化十足的个体，APP 应用所要做的就是要根据用户的个人特点为其提供极致的用户体验。作为广告平台的 APP 应用若是单单为了获取收入而不顾用户特点进行广告推广，结果可想而知。

一个运营良好的 APP 应用的成功之处在于能够根据用户需求进行开发，同时其广告也与 APP 有内容上的密切联系，从而保证用户不会产生反感心理。这样不仅能够使 APP 应用给用户带来更多的便利，也使广告内容对用户产生潜移默化的作用。

由于 APP 针对不同类型的用户，用户对于广告形式的好恶也不尽相同，所以广告形式便呈现出多样化趋势（如图 6 – 1 所示）。

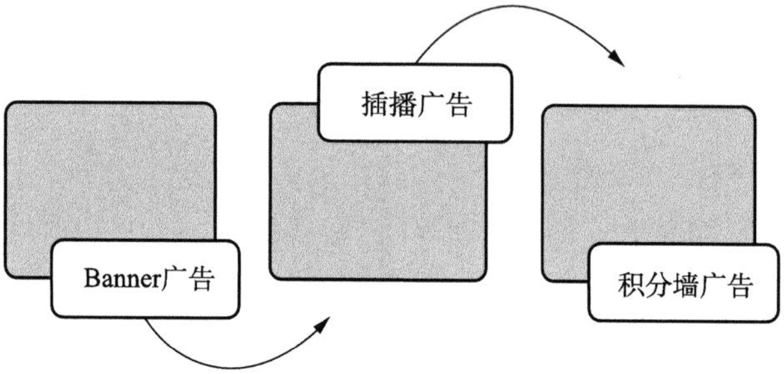


**图 6 – 1　APP 广告的主要形式**

★ Banner 广告

Banner 广告又称为横幅广告，仅需要一块类似于横幅或旗帜大小的空间来展示广告内容，由于该形式设计简洁、精准度高，适用性非常广，是目前最常见的手机广告形式。

★ 插播广告

所谓插播就是在网页空白处插入的网页广告（如图 6 – 2 所示），这是针对需要加载、等待页面的APP应用而打造的广告形式，这就充分利用空白时段，也使用户的紧张情绪得以缓解。

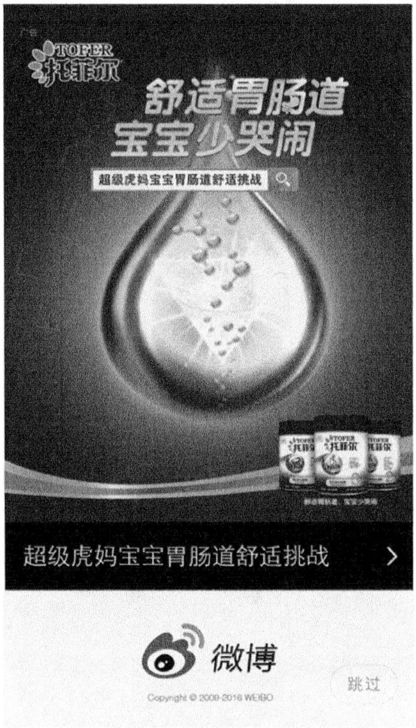


**图6－2　微博插播广告示例**

★ 积分墙广告

这是一种新型的移动广告盈利模式，主要适用于已有虚拟货币系统的APP（如图6－3所示）。用户通过自己完成任务获得积分并能够调用广告产品，这种广告形式的转化率非常高，可以使更多优秀的应用软件得到更好的展示和推广。

除了广告形式要适应APP应用的特点，广告内容做到“精准投放”也是APP广告的重要原则。由于消费者的需求呈现差异化、个性化、多样化的特点，所以要有针对性地投放用户感兴趣或有用的广告，这样既能使广告主和APP开发者获得较高的投资回报率，也降低了用户的反感度。

**图 6-3 饿了么的积分商城**

每个移动广告公司都针对自己的平台做了大量的调整和改进，以求能够做到精准营销。虽然安卓系统在全球笼络了最多的用户，但是 iOS 的用户数量依旧占有相当大的比重。随着环境的不断改变，不但 APP 要及时做出调整，上面的广告信息也应当因时制宜，在不同标准下的适配效果将会引起更大的关注。

比如无论是国内的聚合平台、分发平台，还是对待国外的合作商，他们都是根据不同的技术标准来进行的，这些不同标准是用来发现重叠率的，借此广告主可以更好地预测产品走向，而且这些操作系统的高效执行力使广告主得以体验移动广告的真正价值。

要想在移动广告行业开拓一片天地，要求从业者至少要具备两方面的条件：

1）技术

技术决定出路，对于移动广告而言这句话绝对是至理名言。移动广告从业者必须要具备专业技术以搭建强大的技术平台，开发出足以支撑企业运转的以自动化、大数据等技术为载体的产品。

2）运营能力

运营能力决定企业的竞争力。只有企业具备良好的运营能力，能够正确把握并适应市场潮流的变化，才能够最终在市场竞争中占据有利地位。

对移动广告从业者来说，如何通过广告平台进行APP推广、如何结合游戏及传统商业对移动广告领域进行深层探索等，既检验了从业者的运营能力，也能够确保提供给用户最可靠的服务。

## ◎ 品牌APP广告营销的价值

APP广告也就是移动应用程序广告，是在手机应用程序里向用户推广营销主体的品牌信息或商品信息。有时，品牌营销主体为了实现宣传目标、提高自己在用户中的知名度，会在发展中逐渐形成自己的APP，在程序中投放广告，推广品牌信息。

### ◆ 通过人性化的营销方式达到推广目的

与电脑相比，携带手机更加方便，尤其如今智能手机不断普及，功能更加多样化，用户能够通过手机满足多方面的需求，使用频率也逐步增加。而且，手机是个人拥有的，这种私密性特征会让用户觉得更加安全可靠。

在手机应用程序上投放广告有多方面优势，比如增强广告的针对性、广告位唯一、有利于发挥创新能力等，这样能够大幅度提升宣传效果。

用户在手机上安装德国汉莎航空的闹钟应用程序后，会在清晨时分伴随着动听的音乐声从睡梦中醒来，这时用户可以猜这首音乐与哪个城市的关联度最大，如果在规定时间内答对就能免费领取该城市的机票。这不仅满足了用户的需求，也使汉莎航空变得家喻户晓。

### ◆ 提供个性化的服务，在商家与用户之间搭建桥梁

互联网的不断发展使受众的地位不断提高，用户本身也可以成为信息传播的主体，传播者与受众之间的沟通交流也更加方便可行。同时，受众不再完全处在被动地位，可以自己去寻找所需信息，或者成为传播系统中的一部分。他们也可以把自己对信息的意见反馈给传播者，不再全盘接收。

手机应用程序广告的个性化特征比较鲜明，它在产品品类和其特征的基础上，找到对该产品有需求的用户群体，再按照用户群的兴趣为他们提供相应的服务项目，并把产品信息植入其中，发挥营销作用。

2009 年，卡夫食品公司上线了一款名为“iFood 助手”的手机应用程序，用户可以按照程序中的食谱学习做菜肴，不过它们的食材都属于卡夫的产品，用户在参照食谱时，也会看到这些产品的推广信息。

### ◆ 有效降低成本，大幅增加企业收益

随着互联网技术的发展，通过第三方软件制造商生产出来的手机应用程序不需要做技术方面的攻坚，所以不会耗费太大的成本，拥有自己品牌的 APP 也不是难事。用户感兴趣的话，点开应用程序中的链接就能购买产品，这样不仅达到销售目的，而且能增强用户体验。另外，其影响力还会随着消费者进一步传播而不断提高。

目前，广告投资的较大比重已经逐渐从移动网页转移到了应用程序上，这会改变过去由移动网页广告带动整体行业发展的局面，转而以 APP 应用为主。

## ◎ APP广告传播的困境与破局

### ◆ 困境：APP广告传播的障碍

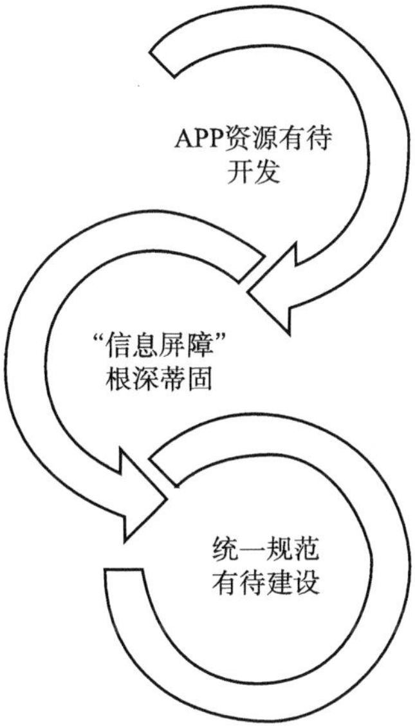


**图6－4　APP广告营销的障碍**

1）营销主体需提高认知，APP资源有待开发

目前仍然有很多公司不是很了解APP广告，也没有意识到APP广告的重要性，没有将其作为营销环节的发展重心。另外，有的企业故步自封，不敢在这方面投入过多资金，其资源的利用率有待提高。

此外，很多APP为了避免影响用户体验，通常不会通过投放广告来增加收益。APP广告形式还未进入成熟阶段，还需要进一步地开发，这也是营销主体认知不充分的原因之一。

2）“信息屏障”根深蒂固，品牌信息缺乏独特性

当下处于信息泛滥时代，信息呈现同质化，为了不在无用的信息上浪

费精力，用户会挑选有价值和自己偏好的信息来关注，这种行为也就是业内人士所说的“信息屏障”。

针对这种情况，媒体为了使自己的信息获得用户青睐，应该突出其内容的独特性和高品质。但多数企业推出的手机应用程序在技术方面还不成熟，信息呈现形式也比较单一，只是把商品信息提供给用户，精准度低，不能突出特色，湮没于海量信息中，无法引起用户的注意，不能将其转变成潜在客户。

3）统一规范有待建设，广告领域需加强秩序管理

中国的APP广告还在探索中，官方机构还未出台全国范围内适用的APP广告管理办法和完善的法律体系，虽然有个别手机应用程序经营方设置了相关规定，但该领域的统一规范还有待建设。

因为缺乏法律规定，APP上的广告存在以假乱真、暗箱操作等现象，消费者不能通过法律手段来维护自己的正当权益，这严重破坏了广告领域的秩序，使很多消费者对企业品牌产生了质疑，阻碍了其进一步推广。

## ◆ 破局：突破APP广告传播困境

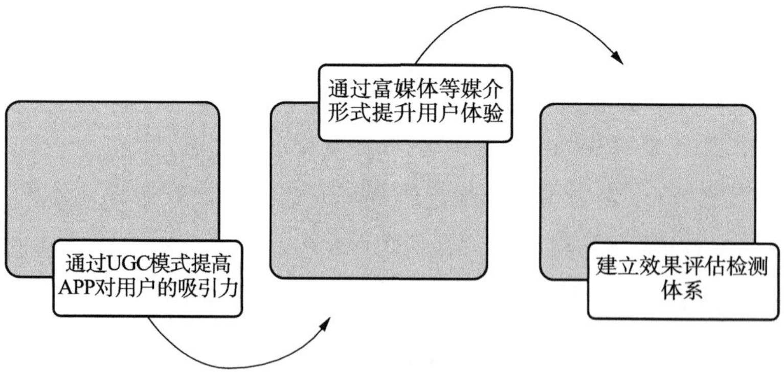


**图6－5 APP广告营销的三个策略**

1）通过UGC模式提高APP对用户的吸引力

品牌推广和宣传对企业的重要性不言而喻，经营者应当按照一定的标

准划分用户群，按照用户的特征为其提供相关的服务。APP 广告较强的针对性能够将营销范围缩小，从目标用户的兴趣点出发进行产品推广。而且，相对于普通的广告来说，APP 广告能够更好地渗透到用户的日常生活中，APP 更适合被当作营销工具。

为了降低用户对 APP 广告的抵触，企业可以引入 UGC 模式，使用户能够自己创作信息，从而提高 APP 的独特性，获得更多用户的青睐。

2）通过富媒体等媒介形式提升用户体验

富媒体是媒介形式的一种，它将文字、图片、音频、视频等集成为一体。与其他宣传广告相比，富媒体广告的影响力更大，可以在很多媒体平台上投放。

富媒体如果放置在 APP 开启或切换的缓冲时段能够取得不错的效果；另外，还可以放在游戏程序中，允许用户通过观看富媒体广告来进行升级或者免费得到设备。把富媒体广告和 APP 结合起来应用，在不降低用户体验的基础上，其能够在 APP 营销中占据越来越重要的位置。

同时，还可以通过利用二维码技术、LBS 定位技术以及 AR 技术使 APP 广告更加丰富多样，增强用户体验，吸引用户进行消费。

由渣打银行推出的“Breeze Living”是 APP 广告的典型代表，其融入了社交、LBS 以及 AR 等元素，能够吸引用户发现、捕捉和分享带有热门优惠券的风筝，大大提升了营销效果和用户体验。

3）建立效果评估监测体系，完善市场监督机制

营销主体最在意的是广告的效果，为了保证实现推广目的，在整个广告宣传实践中，营销主体都要运用效果评测体系来进行衡量。而需求产生之后，效果评估监测公司逐渐意识到广告营销领域的巨大开发潜力。第三方监测体系的发展渐趋成熟，满足了营销主体的相关需求。

为了规范 APP 广告的投放和持续性发展，官方部门应当建设相关法律规定。在《消费者权益保护法》《广告法》和《反不正当竞争法》等法律、法规的基础上，根据 APP 广告的发展特点和趋势对其进行完善；同时

建设具有针对性的法规条例，规范 APP 广告的发展。除此之外，应当加强对 APP 广告的监督，倡导消费者监督的同时进行加强行业监督和国际联动监督，鼓励消费者维护自己的合法权益，通过多方面的配合来减少不规范现象的发生。

与其他广告宣传方式相比，APP 广告具有多方面的优势，它的“自营销”价值正在被越来越多的营销主体和广告经营商所认同。未来，APP 广告会进一步带动移动广告领域快速发展，推动企业发挥品牌效应并大幅增加收益。

# 6.2 移动 APP 广告营销实战策略

## ◎ 精准定位：APP 应用的分类

根据艾瑞咨询发布的数据，在目前百万级的移动应用中，用户基数超过 5000 万的 APP 大约占了总数的 22%，这部分应用虽然数量比较少，但是却抢占了绝大多数的市场份额，而剩下的 APP 则难以为广告主带来营销价值。而且，从另一个角度来看，每个用户的时间都是有限的，因此经常花时间打开的 APP 数量一般情况下都不会超过 10 个，因此如果一款应用的用户数量能够过亿，那么这款 APP 就可以算得上是超级 APP 了。

那么，对广告主来说，选择哪些 APP 进行广告营销才能实现精准定位呢？（如图 6－6 所示）

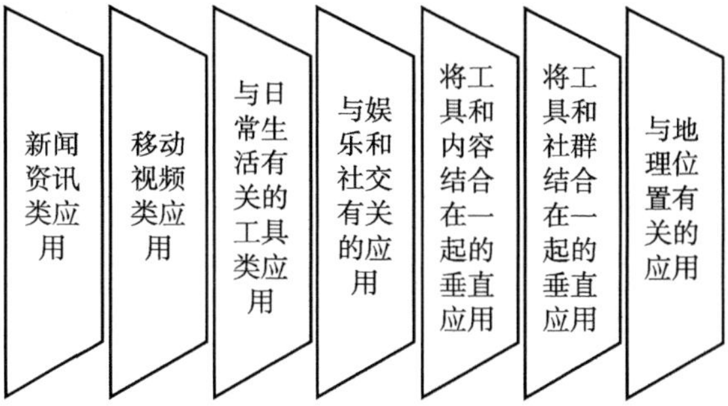


图 6－6　APP 的主要类别

### ◆ 新闻资讯类应用

网易新闻客户端、搜狐新闻客户端、今日头条等都是一些典型的新闻资讯类应用。

网易新闻客户端的用户已经过亿，登录用户也已经超过千万，平均每天用户的跟帖量能够上万，金融、通信、汽车等行业的品牌商已经在网易新闻客户端上投放广告，并取得了不错的广告效果。今日头条的用户数量已经超过了 3 亿，其增长速度在众多同类应用中排在第一位，受到了汽车以及电商行业的广泛关注。

### ◆ 移动视频类应用

爱奇艺、优酷土豆、搜狐视频等都是比较典型的移动视频类应用。随着移动端用户数量的不断增多以及营销模式的日趋成熟，越来越多的广告主开始钟情于多屏营销，PC 端的网络视频流量已经不能满足广告主的投放需求，移动视频广告在众人期待的目光中得到了迅速成长，移动视频流量已经超越了传统 PC 视频。

以爱奇艺为例，截至 2014 年 10 月底，爱奇艺 PPS 的全网日播放量就已经高达 7 亿，移动视频日播放超过了 4 亿，而且移动端的广告展现形式丰富多样，除了一般的贴片广告之外，还出现了互动视频、Click to play 等多种广告展现形式，为用户提供了一组丰富的视觉盛宴。

### ◆ 与日常生活有关的工具类应用

比如深受广大用户喜爱的万年历、墨迹天气等。

2009 年墨迹天气发布了第一版本，截至 2015 年 2 月，墨迹天气的用户数量已经达到了 3.3 亿。此后，墨迹天气又相继开发了游戏的推广和联合运营，在保证用户体验的基础上，开始植入了品牌广告元素，汽车、服装以及饮料等品牌是其中重要的参与者。

万年历 APP 的激活用户数也已经超过了 1 亿，其 banner 广告以及开屏广告的展现形式受到了很多广告主的欢迎。

◆ 与娱乐和社交有关的应用

新浪微博、美图秀秀等是典型代表。在新浪微博比较火爆的阶段，其移动端在广告方面做出了重要的贡献，让众多的广告主在第一时间就实现了品牌的曝光，并将品牌的影响力扩散到了更广阔的范围。

与社交有关的应用也潜藏着巨大的广告价值，比如，广大用户比较热衷的拍照分享促进了美图秀秀的迅速成长，美图秀秀移动端拥有的用户数量已经超过了 2 亿，这一庞大的用户基数吸引了广大广告商的关注，此外，美图秀秀也推出了手机，实现了软件与硬件的融合。

◆ 将工具和内容结合在一起的垂直应用

比如有道词典，其移动端的用户数量已经超过了 2 亿，这些用户一般是有英语学习以及翻译需求的，因此有道词典尝试对用户的价值进行了深入挖掘，与其他 APP 相比，有道词典已经不再是一个单纯的英语学习工具，而是变成了一个包含英语阅读内容的媒体。

有道词典还推出了在线教育平台，为客户提供电子书、图文课程、互动答题以及单词背诵等在线教育内容，成为一个重要的移动入口。此外，有道词典还推出了移动端的原生广告，获得了汽车、IT 等品牌的认可和青睐。其推出的双语每日一句栏目，不仅可以每天向用户传递品牌精神，加深对品牌的印象和记忆，同时也可以实现原生营销。

◆ 将工具和社群结合在一起的垂直应用

比如专门针对女性群体开发的美柚、大姨吗以及辣妈帮等。

以大姨吗为例，这是一款专门为中国女性提供月经经期护理的 APP，诞生于 2012 年，其功能包括记录和预测经期、易孕期预测、姐妹说与闺蜜说社区、美月优选电商栏目、美容塑身保健贴士推送等，同时还有每日补水提醒以及督促减肥等选择性功能。

截至 2015 年初，大姨吗拥有的注册用户已经超过了 8000 万，日活跃用户数超过 420 万，单日社区发帖量超过 70 万。这一庞大的基础推动了大姨吗在健康领域品牌的树立，同时大姨吗也开启了在移动健康领域商业化的探索，与倍舒特等女性产品展开合作，在线上销售 LATIN 体重秤。

大姨吗通过对用户数据的收集和深入分析，准确抓住了用户的需求痛点，从而实现了在大数据基础上的精准营销，为女性用户提供了更加贴心和专业的健康服务。

### ◆ 与地理位置有关的应用

比如百度地图、大众点评、高德地图等，大众点评的移动用户已经突破了 1.5 亿，移动端所带来的流量达到 80% 以上，借助其位置服务，大众点评完成了本地 O2O 的产业链建设。

除了以上几种比较典型的应用之外，还有诸多的垂直应用和手机工具类应用具有重要的营销价值，等待广告主去深入挖掘。但是在挖掘这些 APP 广告营销价值的同时，广告主还应该对 APP 所面向的用户群体以及应用场景进行深刻了解，从而对 APP 更加运用自如。

比如包含媒体、工具以及服务三种功能的 APP，相对于一般的工具类应用具有更高的营销价值；而拥有内容、具备媒体属性，并可以实现软性植入以及原生营销的 APP，相对于具有单一 banner 广告的应用更有营销价值。

即便是用户基数达到亿级的 APP，其面向的群体以及营销价值也存在较大的差异，因此广告主应该学会对移动 APP 进行整合利用，从而发掘更大的价值。

## ◎ 根据广告特性选择投放平台

所谓移动营销（mobile marketing），就是在手机或 iPad 等互联网移动终端上投放商品信息，围绕用户特征对其进行细分，突出商品特点来满足用户的需求，在消费者与经营商之间搭建桥梁，增强用户体验来实现广告主的规划。

如今移动互联网的普及化程度不断提高，越来越多的经营商认识到移动营销蕴含的商业价值。与以前的互联网应用相比，移动互联网应用的即时性强，更能够满足用户的需求，还能随时随地进行应用。

中国互联网信息中心（CNNC）发布统计结果，到 2016 年 6 月，中国网民规模达 7.10 亿，互联网普及率达到 51.7%；其中，手机网民规模达 6.56 亿，网民中使用手机上网的人群占比由 2015 年底的 90.1% 提升至 92.5%，仅通过手机上网的网民占比达到 24.5%，网民上网设备进一步向移动端集中，这让企业意识到移动终端在营销方面的巨大开发潜力，将其纳入自己的发展规划。

但是还是有很多广告主习惯之前的推广方式，他们不知道该怎样适应移动互联网广告的发展趋势。而这种新兴的广告模式无疑是对传统应用方式的颠覆。

如今，APP 广告在移动营销实践过程中发挥着重要的作用，但它们的收益依然来源于传统的广告红利，可是它们并不明确广告主的预算。在中国 APP 广告发展的早期，我国只有极少数的企业敢于大胆尝试，多数企业裹足不前或者惊慌失措。

每个事物的价值都有针对性，对于广告主而言，APP 也只有找到适合的产品才能发挥其影响。简言之，应该根据广告的特性来选择合适的投放平台。而手机应用程序的用户指的就是传播学中的受众，对于广告主而言，就是潜在消费者。广告主需要做的是寻找用户群与自身产品潜在消费者一致的 APP，联手经营。

我们可以按照营销价值的高低将 APP 进行简单的分类：价值比较高的一类包括生活服务类、导航类、新闻信息类等；其次是金融服务类、游戏类和社交应用程序；与其他类型的 APP 相比，阅读类应用程序拥有广泛的用户基础，但是其营销价值无法与上述两种应用相比。

主打生活服务的 APP 涉及人们生活的方方面面，用户只要登录这种 APP 就意味着广告宣传范围的再次扩大，而且其使用不受时间和地域的限制。比较具有代表性的“有穿衣助手”和“豆果美食”，以及其他很多餐饮服务类 APP。广告主与生活类 APP 联手经营，采用线上、线下一体模式，能够推动自身加速变革。

虽然很多用户会用到工具类手机应用程序，但用户通常只停留一会儿便退出，这对广告投放来说是劣势。另外，很多 APP 仍然以传统广告模式为主，不过也有一些工具类 APP，比如美图秀秀、墨迹天气等推出相关硬件产品，扩大了收入来源。

当然，也有不少广告主看好工具类 APP，毕竟功能不同的 APP 针对的用户群不同。比如，爱好音乐、唱歌的人会使用唱吧；有出差或旅行计划的人会使用天气 APP，广告主应该抓住他们的需求并与自己的产品联系起来。

新闻客户端具有浏览量大、用户停留时间长的优势，一般广告主都希望能在这样的 APP 上拥有广告位。新闻客户端通过内容来吸引用户，广告主可以根据自身产品类型在相应的行业频道投放广告。一些具有雄厚基础的网站（如四大门户网站）已经积累了大量忠实用户，今日头条等运用先进的技术，具备很强的针对性，广告主也不应该忽视其价值。

在营销方面没有太大优势的 APP，一般不会成为广告主的首选。比如图书杂志类和金融类，但他们的用户群质量比较高，这对于定位比较高的经营商来说是推广营销的好机会。值得提出的是，仅从 APP 的类型来划分它的营销价值，无异于新瓶装旧酒。广告主在选择 APP 进行营销时，更应该综合考量。

例如，很多广告主把目光投向社交应用类 APP，原因在于社交网络拥有广泛的用户基础且用户依赖性强。此外，社交网络中的宣传形式丰富、操作简便，病毒式营销能够大幅拓展信息覆盖范围。“围住神经猫”等游戏受到众多用户的追捧，广告主也从中受到启发，以此来吸引用户。

广告商联手合适的 APP 能够取得良好的推广效果，还能增强用户体验，其在用户中的影响力远远超过传统媒体带来的作用。另外，广告主应当注意增强传播的趣味性，在实践过程中也要注意凸显自己的独特性。

## ◎ 广告主如何投放 APP 广告？

### ◆ LBS 助跑最后一公里

首先，移动营销的本地化特征愈加明显，与其他传播方式相比，以当地用户为目标客户的推广具有更大的影响力，能够推动企业整体业务的革新；其次，用户可以通过手机进行线上支付，解决了广告主在销售环节遇到的阻力；最后，有许多生活服务和导航类 APP 涉及定位技术，比如我们熟知的百度地图和大众点评。

可以通过具体实例来分析一下。到 2014 年 8 月底，大众点评（如图 6－7所示）的手机用户已经超过 1.5 亿，其中超过 86.6% 的用户属于活跃用户。通过运用 LBS 技术，大众点评在餐饮服务方面实现了线上、线下一体化模式，通过线上的分享、推荐和引流，线下店铺的用户流量和营业额均得到了大幅度的提升。

运用 LBS 技术的 APP 不仅能够进行准确定位，还能掌握更多的用户数据，因为用户会随时携带自己的手机，APP 信息的准确度是不可否认的，而且用户浏览 APP 广告的频率也相对较高。针对当地用户的企业（如教育培训公司、主营餐饮的企业）应该联手这类 APP 来实现营销目的。

**图 6－7　大众点评 APP**

## ◆ 一屏不容二主

因为手机屏幕是有限的，一部分广告主认为这会影响产品信息展示而不看好 APP 广告。所以，在 APP 上投放广告时要考虑品牌展示是否需要突显其唯一性，如果答案是肯定的，就要做到“一屏不容二主”。

有些 APP 会把品牌展示放在次要的地位，然而需要明确的一点是，展示空间是流量的基本保证，广告主可以通过开屏广告和插屏广告来展示自己的品牌信息，提高知名度。在这方面，视频类应用和服饰类应用程序更加受到品牌商的追捧。

### ◆ 原生广告将带来下一轮革命

虽然业内人士对原生广告的定义表述不尽相同，但有一点是明确的，那就是原生广告是在不降低用户体验的同时展现企业品牌，能够满足用户的相关需求，不会使用户产生排斥心理，相对于传统广告模式，原生广告营销的作用更大一些。

在品牌展示方面，APP 广告确实能发挥很大的作用，比如在新闻应用程序中我们熟知的今日头条和网易新闻，在生活类应用程序中使用率较高的墨迹天气、大姨吗，还有学习外语时常用的有道词典客户端等，都能为广告主提供品牌展示服务，它们能够提高企业在用户中的知名度，让他们的投资获得相应的回报。

而原生广告就是随着移动互联网的逐渐普及而诞生的，我国原生广告的发展目前还处在探索阶段。这种广告形式适合在手机等移动终端上投放，能够提高用户的积极性和互动性。不仅如此，电商品牌经营者、工具类手机应用程序也可以应用原生广告。如今移动互联网还在快速发展，原生广告的应用会愈加成熟，其业务范围也会不断扩大。

在不久的将来，广告主会更加明确该如何根据自己的产品性质选择相应的 APP，并且会逐渐提高对 APP 广告的要求。总的来说，应当根据企业的实际情况充分利用不同类型的 APP，采用立体营销模式来发挥其推广作用。

## ◎ APP 广告效果评估的三个维度

APP 应用在被用户下载或购买之后可以看作私人化的虚拟物品，同时由于用户的个性化需求十分突出，要求 APP 广告从形式到内容都要让用户感受到极致的体验。

如何判断一个 APP 广告是好还是坏？这需要从不同的角度出发：用户

渴望广告中凸显个人需求，不会影响用户体验；APP 开发者希望广告可以带来巨大的收益；而在 APP 上投放广告的广告主，则希望广告呈现好的效果带来高回报。但是，真正好的 APP 广告不是仅仅满足一方的要求而是能够协调三方的需求，为用户提供更好的服务。

APP 应用之所以可以作为移动广告平台就是因为其善于从移动用户体验的角度作为整体出发点，从而为用户提供解决方案与完整服务。但是关注用户体验也使移动广告面临两个前所未有的挑战，即聚合和梳理。

这种问题出现的主要原因就是手机使用的高度碎片化。在 PC 时代，用户上网时间长，在某一网页的停留时间也相对更久一些，这就很容易汇聚用户的数据信息，但是在移动互联网时代，用户拥有众多不同类型的 APP 应用，可以随意选择使用的频率、时间，可以完全根据自己的想法来进行，这种碎片化使开发者需要花费更多的时间聚合并梳理用户的个性化选择。

根据 PC 时代的标准，可以将 APP 看作媒体，其本身的质量是我们购买它时关注的主要方面，但是在移动互联网时代下用户时间碎片化所带来的挑战则成为我们不得不思考的问题。

评估 APP 广告效果同判断 APP 广告的好坏一样，都需要从不同的角度出发（如图 6－8 所示）。

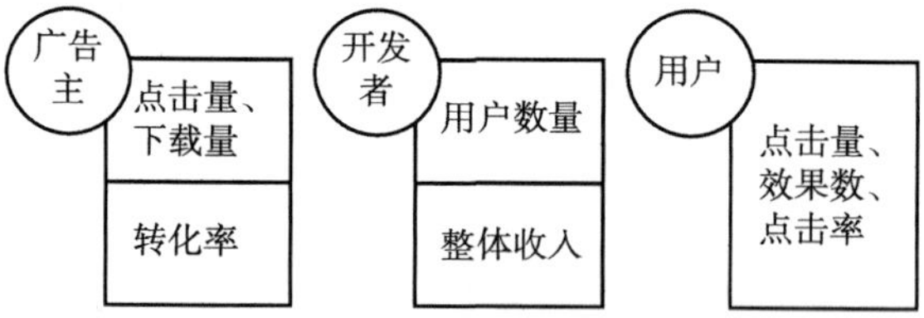


**图 6－8　对 APP 广告的效果进行评估的三个角度**

★ 广告主

对于广告主而言，APP 广告效果最直观的表现就是广告的点击量、下载量；深层次的则是该广告对产品销售所起到的具体作用，也就是业内所说的“转化率”。广告主一般是借助自己的监测系统或第三方统计分析工具对于广告效果进行评估。

★ 开发者

对于开发者而言，判断 APP 广告效果要从用户和收益两个方面入手，一是看用户数量是否因广告而攀升；二是看广告对整体收入是否具有促进作用。开发者一般是通过对收入数据的统计分析来了解用户和收益，进而评估广告效果。

★ 用户

点击量、效果数、点击率等是评估用户对广告接受程度的重要数据信息，并可以借助问卷调查、用户体验反馈调查等方式来判断用户是否真正从中感受到极致体验，广告是否真正抵达目标受众。

总之 APP 要想真正实现其成为移动互联网入口的角色愿望，就必然要以产品本身所带来的极致体验赢得用户的青睐。APP 作为移动广告平台，若是没能提供用户体验这样的核心内容，必然无法实现其价值。所以，APP 移动广告只是 APP 应用的附加品，其真正的生存法则就是抓住客户需求，精准定位，并最终以其极致体验为用户所接受。

“内容为王”，依然是移动互联网领域中 APP 长久生存的不二法则，而移动广告作为维护其生存的“缠藤树”所要做的便是锦上添花。

# 第 7 章　微电影营销：商业与艺术的无缝对接

## 7.1　“微”时代的广告营销新模式

### ◎ 微电影兴起的原因与特征

微电影最为直接的解释就是微型电影，当前主流的定义为：一种制作周期较短，能够在移动状态、休闲状态下观看的短时长（通常只有 30 秒到 300 秒）影片。

而且，其投资规模比较小，从数千元到几千万元不等，具备完整的故事情节、完备的策划流程与制作体系，内容主要宣传幽默风趣、时尚流行、科普教育、商业广告等，可以单独成篇，也可以拍成一系列剧集。

#### ◆ 微电影兴起的原因

微电影的兴起得益于移动互联网的发展与“微”时代的崛起，移动互联网的出现使人们可以摆脱由商家控制内容的状态，在移动互联网上主动搜索自己偏好的内容，而且自媒体平台的发展使人们可以自由地分享信息、交流经验、传递价值等，微电影在这种形势下获得了长足的发展。

而论坛、贴吧、博客、微博、微信等社会化媒体的营销作用开始在移动互联网的衬托下被无限放大，任何信息都可能在短时间内获得极速传播。

如今的信息时代，生存的压力加上生活节奏的逐渐加快，人们可以自由支配的时间逐渐变少，相对比的是碎片化的时间逐渐增多。手机等移动终端设备走上了时代的舞台，由微时代催生的微电影也在此形势下拉开序幕。

### ◆ 微电影的主要特征

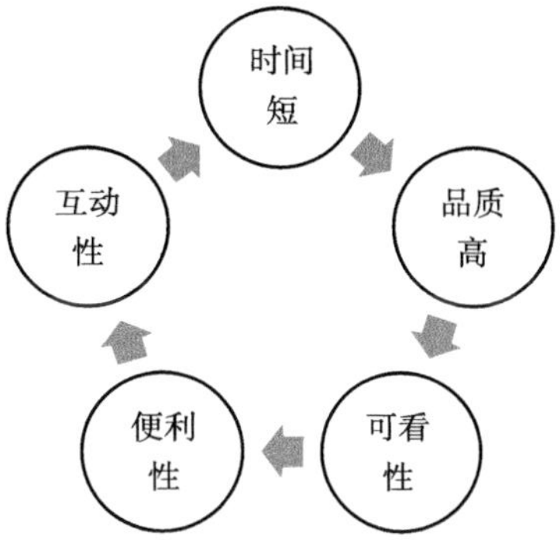


**图 7－1　微电影的主要特征**

1）时间短。与传统电影普遍一个半小时以上的时长相比，大部分微电影的片长也就几十秒到十几分钟。

2）品质高。微电影的制作周期和投资规模与传统电影相比都要小得多，但是其短小精湛，以品质见长。比较著名的几个微电影，比如宝马做的一系列网络广告，凯迪拉克的微电影等，都彰显了微电影极致到每一帧的品质。

3）可看性。微电影的片长较短，但是“麻雀虽小五脏俱全”，作为电影的故事情节与结构其完全具备，而且画面有的温馨和谐、有的大气磅礴，让观众休闲之余感受到心灵的震撼。

4）便利性。微电影在手机、iPad 等移动终端设备上就可以随时观看，具有占用空间小、流量费用低等优势。

5）互动性。用户通过移动设备观看完微电影后，可以将影片在朋友圈中进行分享、参与互动、进行评论等，都会为微电影的内容以及题材提供有价值的参考。

## ◎ 微电影未来发展的四个方向

未来，微电影的发展将主要集中在以下四个方向（如图 7－2 所示）：

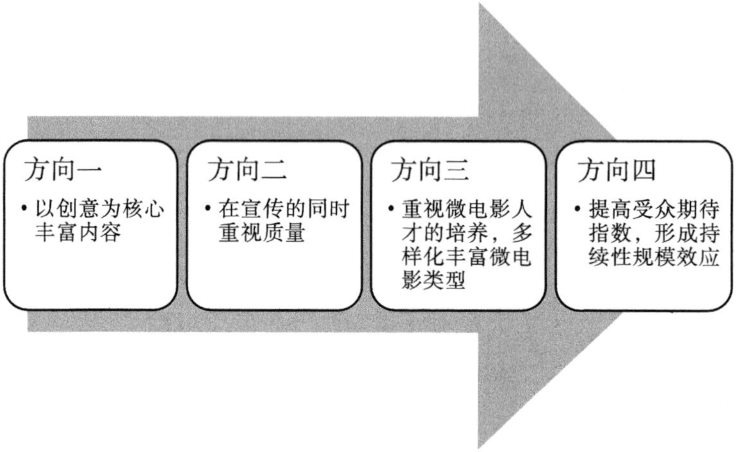


**图 7－2　微电影未来发展的四个方向**

### ◆ 以创意为核心丰富内容

微电影的“微”决定了其不同于传统电影的最大特点在于其制作周期短，内容时长短小精湛，以便在短时间内为人们带来生动的内容并使观众对其产生兴趣。

这就要求微电影要在内容结构以及创新性方面下功夫，不仅要在有限的时间内凝练表达出应有的内涵，还要在内容上贴近日常生活，与观影群体产生共鸣。但这不意味着为了取悦观众而走过于浅显的路线。现如今娱乐生活愈加丰富，人们的审美水平和等级不断提高，对于深度的审视也不容小觑。若整部电影为了娱乐而娱乐，或者紧紧围绕产品展开毫无意义的叙述，那么就会失去微电影原本的价值，变成不耐咀嚼的“渣滓”，最终沦为庸俗的娱乐内容。

现在微电影用来吸引受众人群的手段大多是依靠明星等“噱头”，虽然在最初可能会引起一时的轰动效应，但时间长了受众群体大多会审美疲劳。因此，创意才是微电影永葆活力的核心所在，题材不落俗套、结构有张有弛、制作精良，即使不用明星也能得到预计的播出效果。

### ◆ 在宣传的同时重视质量

在商业片和文艺片之间的摇摆不定，不仅是电影业长期以来发展中的重大问题，也是微电影应当注意的。尤其是随着微电影作为广告营销手段不断受到重视，各大网站纷纷上线微电影模块，微电影数量一多，难免会出现“糟粕”和“精华”的对比。因此，无论是网站或企业，在启用微电影宣传产品和品牌时，增加其数量的同时也要保证微电影的质量。

### ◆ 重视微电影人才的培养，多样化丰富微电影类型

微电影的创作涉及广告和电影两个领域，因此对于创作人才的要求也就更为严格。不断吸收培养新的人才才能保证微电影领域持续发展。另外，目前的微电影大概以剧情片、爱情片、喜剧片为主，情感上也无外乎亲情、爱情和友情。微电影要想实现长远发展，就要在未来不断尝试其他新的题材。

### ◆ 提高受众期待指数，形成持续性规模效应

以微电影短暂的时长要想产生规模效应，就需要把拍摄过程、花絮等

也容纳到电影内容之中，通过呈现此类内容，让观众产生期待。另外，在传播途径上，除了依靠微博、人人等公众平台进行传播之外，不妨设立相关鼓励制度鼓励转发。

从产业化方面来说，制作方可以同影视公司进行合作，优化资源配置，并且可以开拓微电影版权、微电影节等周边利益渠道，多元化创造获利途径。

## ◎ 互联网时代的微电影传播

微电影的诞生与互联网、数字媒体以及多样化网络平台的发展有着密切的关系。作为一种新兴传播媒介，互联网具有即时性、互动性、个性化、社群化的特点（如图 7－3 所示），这也是微电影以其为平台进行发展的原因。

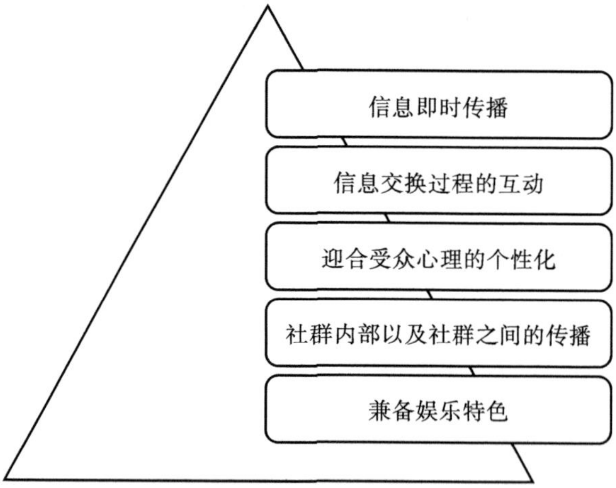


**图 7－3　微电影传播的特点**

### ◆ 信息即时传播

这一特点使信息传播速率加快，周期缩短，传播者与接受者之间的距离被拉近。微电影拍摄完成以后可以立即上传到网络，观众即时就可以观看，略去了中间有关电影院线、电影审核等诸多问题。

### ◆ 信息交换过程的互动

这种互动性首先体现在信息交换双方之间的交流不断加强，更重要的是体现在整个信息交流过程是一个流动式的互动结构。

微电影在上传到网络以后观众进行分享、讨论、写评论等，为微电影创作者带来宝贵的反馈信息。换句话说，有效信息的产生不单纯来源于某一方，而是在双方交流中形成的。此外，相较传统电影来说，微电影制作成本低、周期短，制作方更容易针对市场反馈及时做出调整。

### ◆ 迎合受众心理的个性化

互联网逐渐向个性化的方向发展，尤其是微博、微信等社交平台的不断壮大，小众群体化的个性受到重视，互联网上群体的诞生不仅是简单的群居活动，而是一定特征下的集结。微电影正是迎合了不同群体想要张扬个性的特点来进行制作，因此受到广大群体的欢迎。

### ◆ 社群内部以及社群之间的传播

不同类型、不同特点的网络社群成为信息传播和推广的重要渠道，因此对于微电影的收藏、分享等也起到了至关重要的作用。

### ◆ 兼备娱乐特色

互联网上的内容以其丰富性和传播形式的多样性为主要特征，而互联网借助新媒介平台，作为多媒体整合艺术可以给人们带来全新的、个性化的观影体验。网络媒体信息传递迅捷，用户可以及时便利地享受到微电影带来的服务。

此外，数字媒体制作及设备的成本降低，技术逐渐成熟，人们在付出较小成本的同时能获得更好的成像效果，因此微电影的拍摄门槛降低，成为一种越来越容易发展的形式。

## ◎ 微电影营销 VS 传统广告营销

微电影营销作为一种营销工具给当前的营销方式注入了新的活力，而且还有效避开了传统广告的弊端，成为一种新兴的营销模式。与传统的广告营销相比，微电影营销的特点具体体现在四个变化上（如图 7 – 4 所示）。

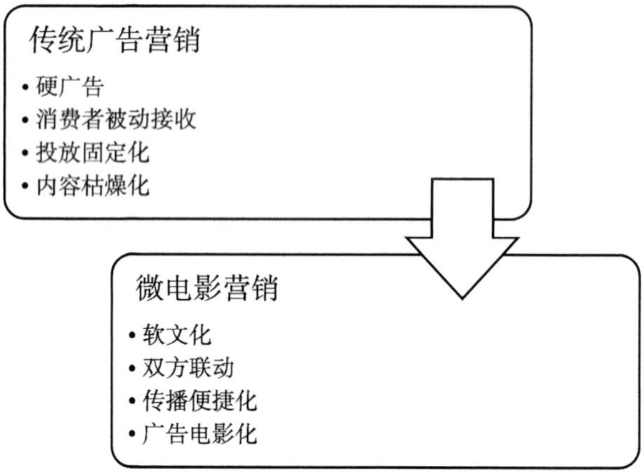


**图 7 – 4　传统广告营销 VS 微电影营销**

### ◆ 将传统的硬广告变为一种软文化

传统广告不加修饰的广告本质暴露在消费者的面前，再用生硬冰冷的文字来宣传自己的价值，这无疑会直接引发消费者的抗拒心理，营销效果通常很差。而微电影却将产品价值文化与生动形象的故事情节结合在一起，观众在享受视听盛宴的同时，很自然地接受了企业的品牌文化与价值导向。

这种企业软文化的传递，使消费者对企业的品牌文化与价值观会有较高程度上的认可，不仅成功吸引了消费者的关注，更是为企业粉丝社群的建立打下了良好的基础。

### ◆ 由消费者“被动接收”到“双方联动”

传统广告的投放渠道主要为报纸、杂志、电视、广播等，这种营销方式固然有一定的效果，但其固定的播放内容使消费者只能处于被动接收的地位，会使广告效果受到较大的影响。

微电影以某种情感为枢纽，致力于实现观众与影片之间的情感共鸣，而且微电影生动的情节与高品质的制作再借助移动互联网上传播的便利，消费者可以有选择地进行观看并进行分享。而且，企业还可以借助社交媒体平台向观众征集剧本、演员、拍摄场地方面的建议等，形成一个由“用户产生内容”（UGA）的模式，与观众一起共创价值。

### ◆ 由投放固定化到传播便捷化

传统的广告营销通常是在固定的时间借助报纸、杂志、广播以及电视等按照一定形式表现出来，微电影营销模式的出现让消费者在移动互联网上轻轻点击一下移动设备就可以随时观看，而且在内容上也可以通过搜索自由控制。

移动互联网易于传播的特点使微电影营销有了更为广阔的发展平台，而电商的迅速发展，使移动终端设备的获取变得更加便利，这些可以随身携带的手机、iPad 等移动终端设备成为微电影广泛传播的重要载体。

### ◆ 由内容枯燥化到“广告电影化”

传统广告长时间以来枯燥的内容、缺失的创意，尤其是强制消费者接受的“牛皮糖”式推广，使消费者已经对这种广告积怨已久。如何摆脱传统广告在消费者心目中留下的阴影，重拾观众的认可成了摆在企业营销人员面前的难题。

而这种局面下的营销只有将内容充实起来，以精耕细作的内容去唤醒消费者对广告沉寂已久的热情。微电影营销的出现呈现了一条营销者可以打破僵局的道路，跌宕起伏的故事情节、扣人心弦的情感交织与品牌文化的价值传递，使微电影营销成为新时代营销界的“宠儿”

因此，微电影营销开辟了一个新的领域，广告变得更加具有魅力，观众也乐于打开心扉接受企业的品牌文化传递，由此引发了营销领域的一场新革命。

目前，一些企业已经开始投身于微电影的制作浪潮中，当然风险与机遇并存，微电影营销固然具有巨大的先天优势，但是到底能否被消费者认可与接受，目前的市场尚未给出一个明确的结论。大部分的企业还尚处于观望状态，但是机会往往瞬间而逝，微电影营销的风口已然吹起，只有找准自己的方向将企业的特点和资源结合起来制定有效的营销方案，企业才能立于不败之地。

## ◎ 支付宝的微电影广告营销策略

微电影把广告营销带入了一个“微时代”，在发展过程中微电影广告的强大效应和问题不断展现出来。接下来，以支付宝推出的微电影为例来做详细分析，相信微电影在未来无论是给企业带来利润方面还是给消费者带来视觉享受方面都有很大的发展空间。

微电影作为一种游走在电影和广告边缘的“草根形式”正式登陆广告营销的舞台，由此衍生出一个概念——“微电影整合营销”。其出现和发展恰好击中了传统广告市场竞争日趋激烈而急寻突破的痛点，借助互联网这个快速高效的资源整合和传播平台，以更加便利和丰富的表现形式为广告营销提供了一条崭新的途径。

微电影广告从理论上并没有很明显的界定，笼统来说就是为了展现某一产品的特点和品牌理念，以电影的形式表现出来的时长在 3 ~5 分钟不等的广告形式，并具有生动的故事情节。它的价值在于把产品和品牌嵌入故事中，弱化营销痕迹，但是实际上它的本质依旧是商业广告。

2006 年，雅虎耗资千万打造的《阿虎》《跪族》等商业广告，已经明显具备微电影广告的特质，后来，又逐渐出现香奈儿《秘密情史》、力士《金纯魅惑》等，再后来还有凯迪拉克的《66 号公路》等微电影广告，都在观众群体中产生了很大反响。

对于这些知名品牌来说，微电影在早些年就被用来推广产品和品牌理念，提高品牌的知名度和人们的认可度。

2004 年，支付宝公司建立，从此“信任”成为其核心理念。公司不仅通过保障网上支付安全来建立企业与用户之间的信任，而且引导用户通过在线支付进行交易，提高用户之间的信任度，为净化网络环境做出了自己的贡献，“信任”的理念也由此深入人心。

支付宝最开始的广告宣传主要是通过各种数据理性分析来推广支付宝作为“第三方快捷支付交易平台”的定位，将新型的生活方式和消费方式带入到消费群体之间。支付宝用了不到六年的时间迅速成长为全球领先的第三方支付公司，其创造的价值惠及各个电子商务用户，其所引导的新的生活方式也在产生很大影响。

到 2012 年 12 月，支付宝以 5.5 亿的注册用户、25 亿元人民币的日交易额、850 万笔的日交易数量证明了其作为全球领先第三方支付公司的地位。在积累了一定数量的客户之后，支付宝开始重视推广品牌理念，“知付托”作为其经典广告语深入人心。

现如今，支付宝启用微电影宣传，不再反复提及其安全快捷，而是把其“不变的承诺”的价值观通过微电影的形式传递给观众，逐步向品牌导向型发展。

### ◆ 以《郑棒棒的故事》为例进行支付宝微电影分析

《郑棒棒的故事》是根据真实材料改编而成的微电影，主人公是一位重庆普通的挑货工。在同货主走失之后，并没有听从众人的建议卖掉货物救治重病的妻子，而是坚持寻找失主。“我缺钱但不缺德”这句经典台词给人们带来极大的心灵触动。

生动的重庆方言、饱满的故事情节、巧妙的电影构思、感人的人物形象和精神，凸显了“信任”“承诺”的主题，与支付宝的品牌理念紧密结合，其创意新颖，情感质朴，在观众中取得了惊人效果。

微电影广告本质上是广告，却是以电影的形式表现出来。它采取了电影的拍摄和制作方法，但是以产品作为故事角色或发展暗线，把产品和品牌信息渗入影片细节中，使产品的特征、品牌的概念能在不引起观众反感的基础上得到推广。

虽然借助了电影的艺术形式，但是在时长上微电影要短小得多，有限的时间通过紧凑的情节展现出具有浓郁人文情怀的品牌理念，这就是微电影广告的特点所在。《郑棒棒的故事》便是通过完整朴实的故事情节把支付宝“知托付”的理念推广开来。

### ◆ 微电影广告不同于传统广告类型的优势

1）以故事演绎品牌理念，促使企业向品牌导向型发展

微电影广告重视观众的情感诉求，因此在内容中对于营销尽可能地淡化，而把情感、价值方面的东西做重点凸显，把品牌信息和理念与故事情节巧妙地结合起来，在吸引观众的同时也在潜移默化中传递着品牌理念。

当然，这种广告模式建立在观众已经对品牌有一个初步了解的基础上，通过微电影的方式更加深入地传递价值理念，使观众对于品牌的灵魂有更高、更深的接受度。

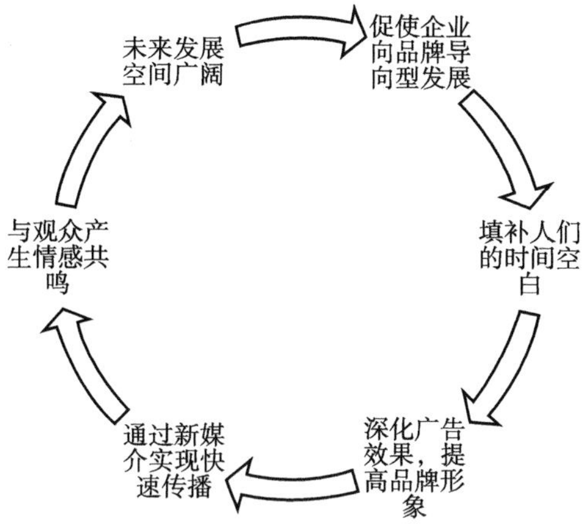


**图7-5 微电影广告的优势**

2）微电影填补人们的时间空白

现如今，生活节奏不断加快，人们很少有大块的闲暇时间来专注某一件事情，时间被切割成零碎的片段，那么，究竟什么样的内容才能够填补这些细小的空白呢？

一个有趣的现象出现了，人们需要在忙碌之余放松自己，但空闲时间的有限使人们更喜欢看短片、微小说等内容，体现在视频上就是我们所谈到的微电影。在十几分钟甚至是几分钟内就可以讲完一个完整的故事，而且可以通过情节引起人们或欢乐或感动的情绪，很好地填补了零碎的时间，极符合人们快节奏的生活现状。

3）通过整合营销深化广告效果，提高品牌形象

微电影广告营销效果的实现需要各种媒体形式来共同推动，实则是一类以创意为核心，集合各大传统媒体和新媒体的能源借助平台来展现出来的、整合营销中的重要环节，最终达到产品推广和品牌概念深入人心的目的。

微电影以精美的画面制作、巧妙的构思、引人入胜的情节等因素巧妙地掩饰了广告植入的痕迹，极大地吸引受众的眼球，贴近生活的内容和表现形式更容易引起观众的共鸣。

4）通过新媒介实现快速传播

传统电视广告一般控制在几十秒之内，而微电影最短也要几分钟，因此它并不适合通过电视媒介进行传播，而是适合通过互联网这种“快速媒体”进行推广。而且，其传播方式也从观众被动接收到观众主动转发和分享，速度快，波及面广。

这种传播方式既能省去电视媒体的高额费用，也能达到更好的效果。由于内容的丰富和生动，人们也很乐于自觉地去观看和转发，从心理上来说接受度要更高。当然，微电影通过后期的剪辑和选择也可以把精华部分放到电视上，比如益达的微电影就是这样。

5）主打“情怀营销”，与观众产生情感共鸣

微电影的人文特点在于在品牌与观众之间建立一种情感的共鸣，让消费者自主性地从内心深处接受产品，形成一种情感倾向性，这种感情的维系往往很长久，对于品牌未来的发展大有益处。

6）未来发展空间广阔

电影作为一种独特的艺术表现形式拥有其独特的魅力和吸引力，微电影借用电影的形式所表现出来的文化内涵以及价值理念是其他广告形式所难以企及的。

## 7.2 新媒体时代品牌的微电影广告营销策略

### ◎ 品牌诞生初期：最大化品牌认知

随着新媒体时代的到来，人们在移动网络、电子商务等新生事物的不断冲击下，对于传统纯粹宣传式的广告产生了厌倦情绪，加之人们的生活内容越来越丰富，对于娱乐体验的要求也越来越高，因此为了笼络客户，企业和广告商不得不努力寻找新的着力点来进行营销策划，而这一着力点必然是以消费者为核心、迎合新媒体时代的特点。只有这样，企业才能保证自己的产品在消费者群体中产生更大的影响。

“微电影”作为一种全新的广告形式步入人们的生活，以电影的氛围、情节、画面感、镜头等为人们提供了一种全新的观影体验，极大地获得了人们尤其是青年群体的喜爱。这种娱乐体验使人们乐于主动分享、讨论微电影内容，最终使微电影成为一种新的传播媒介。

微电影主打内容营销，通过能吸引眼球的内容辅之具有情怀的情节，以事件营销作为微电影设计的最终目标，形成一个全方位立体化的营销整体。它的出现是对传统营销手段在形式和内容上的极大丰富，紧紧契合了用户在新的市场环境下所产生的新需求，于各种现代营销品牌中脱颖而出，借助新媒体的发展打造出品牌传播的新模式。

那么，在企业品牌的不同发展阶段，微电影营销又分别起到了怎样的作用呢？下面先来介绍一下新品牌诞生时的微电影广告营销策略。

一种新产品或新品牌最初建立的时候，品牌推广和影响力的扩大是首先要考虑的因素。因此，微电影作为一种极为有效的方式，需要通过充实的内容和生动直观的电影情节让产品和品牌的性能和特点直面观众。在观影后期的分享和讨论中，以互动的形式把品牌效应通过微电影的支点扩散开来，从而扩大知名度。

微电影在这一时期的营销优势主要体现在以下几个方面（如图 7－6 所示）：

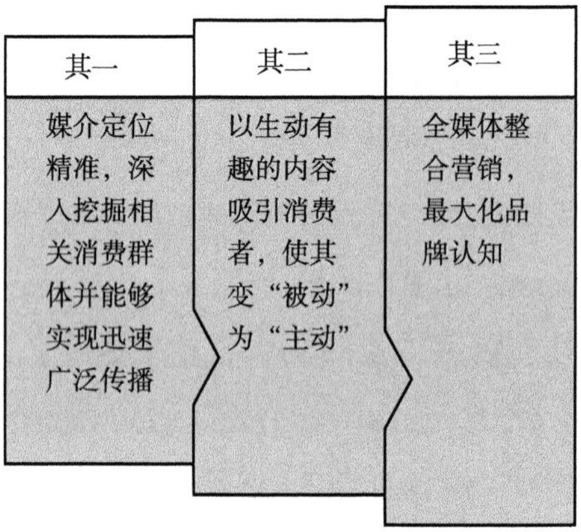


**图 7－6　微电影在品牌诞生时期的主要营销优势**

### ◆ 媒介定位精准，深入挖掘相关消费群体并能够实现迅速广泛传播

借助互联网进行观看和传播的微电影出现之前，电视广告占据了媒体广告领域的半壁江山。电视广告受众广泛，然而无疑还使得消费群体处于一种被动接受的状态中。

而微电影以移动设备等为主要传播媒介，受众群体主要是年轻消费者，观众观影便利，能够进行主动的分享和讨论，这无形中就形成了较好的传播效果，在短时间内就能为企业聚拢很高的人气。

例如桔子水晶酒店针对青年群体专门打造了“12 星座恋爱主题”微电

影，主要讲述了12个不同星座的男青年在酒店里发生的爱情故事。这一微电影系列巧妙地抓住了青年群体关注“星座”和“恋爱”的心理，以恰当的内容迅速吸引了该群体的注意，形成了广泛的影响。

这家在全国连锁不到20家的酒店通过这部微电影在短短几个月的时间便在年轻人群体中打开了知名度，跻身中国旅行酒店的佼佼者行列。

### ◆ 以生动有趣的内容吸引消费者，使其变“被动”为“主动”

尽管微电影一度被电影人和传统广告商戏称为“披着电影外衣的广告营销”，但不得不承认，微电影拥有一个完整的策划体系和艺术制作团队，情节完整，内容丰富，极具戏剧性和现代气息，这些都是传统广告无法企及的。

传统广告依靠机械的重复性和苍白的内容，时间一久便容易造成视觉疲劳和麻木。而微电影则是将产品和品牌的理念通过生动的故事情节演绎出来，观众在被故事吸引的同时对品牌理念也有了一种潜移默化的接收。因此，微电影不但能够借助故事情节完整、细致地展示产品特点，还能够引领观众在保持较高的情绪状态中完成对品牌的认知和推广。

2010年，凯迪拉克推出微电影《一触即发》，为了配合其新上市轿跑车的宣传。虽然只是一部微电影，但凯迪拉克却斥巨资邀请诸多大牌加盟，制作规格完全不输国际大片。这种复杂扑朔的情节设计以及浓重的好莱坞风格一经推出，在很短的时间内掀起了巨大的风波，点击率迅速飙升。

这部微电影把对汽车功能、外形等特点的展示恰如其分地嵌入故事情节中，凸显而不突兀，在心理情感上让观众不会产生厌烦，相较于传统广告突然插播在电视剧中来说，观看微电影所带来的心理抵触要小得多。

随着媒体形式的不断丰富，很多人对于以电视广告为首的传统传播方式逐渐漠然甚至反感，要俘获这部分群体的“芳心”，微电影不失为一种好的方法。从《一触即发》来看，微电影的推出改变了约 80% 的观众对凯迪拉克品牌的印象，微电影的魅力可见一斑。

### ◆ 全媒体整合营销，最大化品牌认知

品牌认知和认同感是营销策略的一个目的，是保持持续消费量的关键因素。而在微电影渐趋商业化的今天，全媒体整合营销是优化微电影宣传效果的法宝。

2011 年，第 6 代英伦小车 MG3 上市之时，进行了为期一个月的"为爱宣言"营销活动。该活动以微博为主渠道，配合由赵又廷和桂纶镁主演的电影《为爱冲动》，针对恰逢传统与现代分界点的 80 后群体，鼓励人们大声喊出自己爱的心声。该活动分为"敢做就敢当""敢爱就敢说"和"敢想就敢讲"三个阶段，MG3 把产品整合到全媒体营销活动中。

在一个月的活动铺垫之后，《为爱冲动》主演在高收视节目《快乐大本营》中公开自己的爱情观念，使活动的受众人群参与感增强，与此同时 MG3 宣布上市。整个过程从铺垫到高潮最后产品的上市环节丝丝入扣，使受众群体始终保持情绪较高的参与感，有效扩大了品牌知名度。

## ◎ 品牌成长期：提升品牌的竞争力

品牌经过诞生初期的积累已经有一定数量的客户，那么进入成长期之后，除了稳固原有客户之外，还要不断挖掘潜在客户，通过深入推广打入潜在客户内部，改变其对品牌的固有印象，从而实现新需求的挖掘。

从这一点来看，微电影无论从内容吸引力还是传播途径来看都是不错的选择，通过与消费者之间的良性互动逐渐渗透品牌理念，提高品牌竞争

力（如图7－7所示）。

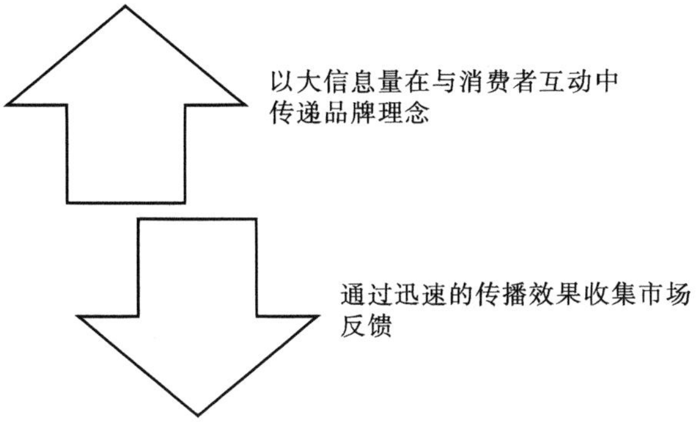


**图7－7 微电影在品牌成长时期的主要营销优势**

## ◆ 以大信息量在与消费者互动中传递品牌理念

电视广告主要的特点是覆盖面广，传递到观众的频率高，然而其多受播放平台和时常的限制，而且从情感上逐渐为观众所漠视。而微电影通过以品牌故事传递理念，以情节淡化营销痕迹，主打情感牌，不易引起观众反感。

微电影的时长从三五分钟到十几分钟不等，在这样的时长内表现出一定的内容决定了微电影信息量大且丰富、情节紧凑的特点。微电影中的每一个因素都可以为品牌宣传所用，而这些因素共同联结成一个故事又从整体上淡化了营销痕迹，如此一来既可以向观众宣传品牌，又不至于广告气息太过浓重而引起观众反感。

2011年，凯迪拉克旗下一款越野车面世，为了配合其宣传，公司推出微电影《66号公路》。微电影中男女主角驾驶凯迪拉克越野车穿越美国标志性的66号公路，在旅途中释放自我本真，远离喧嚣与浮华。通过主角穿越美国砂石、泥土、坑洼等各种崎岖不平的路面，展示出凯迪拉克SRX优越的性能，同时还保证了电影的视觉艺术效果。

与《一触即发》不同之处在于，《66号公路》主要致力于赋予产品情感价值，展示出凯迪拉克崇尚自由本真的品牌理念，从而增强观众对于品牌的认同感。如今是一个产品趋于同质化的时代，除了自主创新之外，契合消费者的心理、从感性方面打动消费者，也是品牌脱颖而出的关键法宝。

### ◆ 通过迅速的传播效果收集市场反馈

微电影以互联网为媒介平台，因此其传播效果是可以量化的，比如视频点击量、分享转载量以及由此引发出的对于品牌的讨论、网络广告的点击量、产品的销售量等。通过对这些数据的整合分析可以有效收集市场反馈，观察实际效果。

微电影其实可以看作一个娱乐事件，因此从微博的转载率、百度指数等也可以侧面观察到该微电影的营销效果。

2010 年 12 月，《一触即发》的推出获得了破亿的点击率，微博转发 8 万次以上。次年《66 号公路》点击量则高达 2 亿次，微博转发突破 36 万次。微电影的效应作用到品牌上的一大体现就是凯迪拉克的官方微博粉丝数量超过 32 万，而且粉丝互动效率提高。

不仅如此，凯迪拉克在豪车中的市场占有率稳步提升。当然，除了可量化的数据之外，微电影所带来的另一个效果就是与客户之间的情感维护，这种情感会在未来很长一段时间内对于客户的品牌认同和品牌选择有很大的影响，是品牌发展宝贵的财富。

## ◎ 品牌成熟期：增强与维护品牌信誉

通过初期和成长期的了解，在产品进入成熟期以后，客户已经对品牌树立起了一个基本的概念和印象，此时品牌的运作重点由原来的品牌介绍逐渐转向品牌维护和信誉的提升。

客户与品牌之间的黏性来源于客户在一定时期内对某品牌形成的一种消费习惯，或者说是消费倾向，这是顾客对于品牌的情感认同、信任和忠诚的综合体，在消费过程中呈现出一种主动的态度倾向。

因此，相比较而言，微电影作为感性的推广方式在这一领域具有更广阔的发展前景，能够提高营销中人文情怀的含量，契合人们的心理，凸显品牌内涵，这也是微电影推广获得成功的关键（如图7-8所示）。

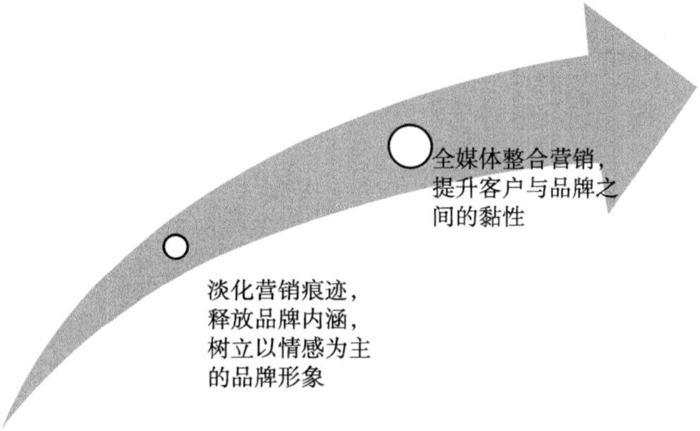


**图7-8 微电影在品牌成熟期的主要营销优势**

### ◆ 淡化营销痕迹，释放品牌内涵，树立以情感为主的品牌形象

品牌传播所必须经历的过程就是从最初单纯的产品介绍到后期的情感引导，不仅要让用户接受这种产品，而且要从情感上真正接受整个品牌。这是一种从产品到精神高度的成长，是用户逐渐对品牌灵魂的认同。

2011年，尊尼获加携手导演贾樟柯打造公益微电影《语路计划》，以纪录片的形式讲述了12位青年先锋人物的奋斗，旨在激励年轻人奋发向上。

微电影中品牌宣传的痕迹浅之又浅，甚至很难同苏格兰威士忌产生联系。然而整个微电影所传达的精神同尊尼获加的品牌理念是完美结合的。微电影通过对维权揭黑记者王克勤，环保组织创办人赵中等主角生活的记录，用最朴实的镜头展现出他们在生活中的艰辛和顽强，永不止步、不断向上的精神被展现得淋漓尽致，健康的生活态度极具感染力。虽然品牌产品的形象戏份不重，但是品牌理念的精髓和内涵却深入人心，与观众之间产生了极大的情感共鸣，让品牌形象进一步得到认可。

尊尼获加始终以情感诉求为重点来培养消费者对品牌的感情认知，根据消费者群体心态情感的变化在市场上不断调整自己的营销策略。作为世界知名的威士忌品牌，尊尼获加十分注重分析每一类客户的特点，力图使每一个消费者不仅了解产品，还能对品牌的内蕴和含义有更深刻的体会。

尊尼获加把中国的消费者群体分为四类：第一类是在事业上有一定成就的人士，年龄在35～45岁；第二类特指35～45岁的女性，其拥有独立社会地位和人格；第三类指社会地位等人生各方面仍处于上升期的人群，年龄在25～35岁；第四类年龄在20岁左右，对未来生活持一种新鲜和冒险的态度。这一分类在微电影《语路计划》中体现出来，所参演主角涵盖了上述各类人群。

这一微电影策略体现出尊尼获加对于品牌概念经营的良苦用心，力图从心灵出发给人们带来触动，将品牌价值和观念渗入不同的阶层并与每一阶层的文化相契合，从而促成营销的成功。

### ◆ 全媒体整合营销，提升客户与品牌之间的黏性

从整个营销过程来看，微电影仅仅是作为引爆营销效应的一条导火索，真正促成巨大效应的是背后整个全媒体整合营销的运用，这一过程保证营销效果的持续和后期的经济效益。

2010年，佳能相机推出微电影《看球记》。这一微电影以导演姜文为“主角”，把姜文参与的电影拍摄、拍摄过程、拍摄花絮等做成了一系列的新闻事件在网上频繁报道出来。

当然，这些都主要在推广宣传微电影而非产品，当微电影的拍摄被高频地宣传曝光出来，也就为微电影赚足了眼球，人们对于影片已经燃起了

足够的好奇心，再加上当电影真正问世的时候从情感上能与观众产生共鸣，这就为进一步的传播推广打下了良好的基础，一切就都水到渠成。

在这一宣传过程中，各种媒体形式被充分利用起来，都在为宣传提供平台和推力。在网友自发主动地转载播放下，《看球记》能在视频网站占据一席之地，不得不说是广告营销取得的极大成功。

综上所述，在如今各大品牌争相笼络消费者群体、打造个性品牌的时代，微电影无疑发挥了极大的作用。其内容丰富、情节生动、充满人文情怀等特点可以帮助企业充分展示产品特点，吸引消费者主动传播品牌概念，并提高消费者对于品牌的忠诚度。

在体验经济时代，微电影创新了产品营销模式，为品牌的宣传和推广开辟了一条崭新而光明的途径，在全媒体整合营销的支持之下将作为整个营销模式的重要部分在未来得到更为充分和广泛的利用。